体育精神的哲学审视与实践观照

翟寅飞 著

北京体育大学出版社

策划编辑：梁　林
责任编辑：李志诚
责任校对：原子茜
版式设计：李　鹤

图书在版编目（CIP）数据

体育精神的哲学审视与实践观照 / 翟寅飞著. -- 北京：北京体育大学出版社, 2019.12
ISBN 978-7-5644-3299-7

Ⅰ. ①体… Ⅱ. ①翟… Ⅲ. ①体育－精神(哲学)－研究 Ⅳ. ①G8

中国版本图书馆CIP数据核字(2019)第295331号

体育精神的哲学审视与实践观照
TIYU JINGSHEN DE ZHEXUE SHENSHI YU SHIJIAN GUANZHAO

翟寅飞　著

出版发行：北京体育大学出版社
地　　址：北京市海淀区农大南路1号院2号楼4层办公B-421
邮　　编：100084
网　　址：http：//cbs.bsu.edu.cn
发 行 部：010-62989320
邮 购 部：北京体育大学出版社读者服务部 010-62989432
印　　刷：北京建宏印刷有限公司
开　　本：710mm × 1000mm　　1/16
成品尺寸：170mm × 240mm
印　　张：9.5
字　　数：175千字
版　　次：2019年12月第1版
印　　次：2019年12月第1次印刷
定　　价：58.00元

前　言

伴随着自然科学的迅速发展与社会分工的不断细化，社会生活发生了很大变化：一方面，后工业社会创造了极其丰富的物质财富，日新月异的科技发展与迅猛的信息化，让人们切实感受到了科学技术带来的实惠；另一方面，与之相随，前所未有的危机悄然降临，丰富的物质文明使人们生活日益便捷的同时，也在消解社会精神文明发展。过分强调高效、便捷的实用主义，造成了人与自然、人与社会、人与自我的疏离，使人成为异化的“片面的人”，不可避免地导致了精神的衰落。物质文明的极大丰富，将人们从“保种”的生存需要中解放出来，也使得人们更加关注与思考精神生活的构建。受过度膨胀的工具理性观念影响，为功利主义所裹挟，体育被技能化、技艺化——体育运动被当作一种纯技术形式的身体活动，被当作是非人格化的技术规定性活动系统；体育课程被当作纯粹以运动项目为依托，进行运动技术教学、训练的活动；体育教学被当作以增强身体健康为唯一旨归的训练活动，以被分解的一个个技术动作为内容，课课练。在这种特定的时代状况之下，体育被塑造为一种与心灵相隔离的训练活动，与系统身体训练的价值比肩而立的精神价值被忽略了，其深刻的精神内涵被遮蔽了，体育精神被遗忘在角落，与“心灵的勇气和身体的活力合为一体”的活动渐行渐远，仍然处于备受关注而又饱受争议的状况之中。因此，对体育精神及体育精神培育问题展开研究具有十分重要的理论价值和实践意义。

本书围绕“体育精神”这一主题，分为六章开展论证。

第一章，导言。该部分通过对当代人精神困境、教育危机以及当前体育教育现实问题的反思，阐明了本书研究的问题缘起和研究意义；通过对国内外相关理论研究状况的梳理与述评，明确了本书研究的思路与方法。

第二章，体育精神概述。运用哲学思辨和文献检索等方式，对“精神”进行了多维论证，阐发了对“精神”意蕴的见解；从深刻理解“精神”内涵入手，通过梳理分析中外学者“体育精神”的研究与界定，提出了本书核心概念：体育精神是体育活动中体现的人的行为价值观、态度、意志品质以及思想意识的总和，是体育活动的最高产物，是体育活动的灵魂；它是体育发展过程中的精微的内在动力，是对人们进行体育教育的基础。

第三章，体育精神历史溯源。体育精神是一个历史性、社会性的存在，随着体育发展的历程而萌生和不断丰富起来，它经过漫长的历史积淀，具有丰富的内涵与无限的活力。在这一章里，通过对体育精神的历史溯源，揭示了中西体育精神深层次的联系与区别，并阐明了体育精神“因何而起”“因何而变”。

第四章，体育精神的本质和价值。本章分别从社会性、历史性、民族性与世界性3个维度考察了体育精神的特点；从以人为本的人本精神、强身健体的乐生精神、积极主动的参与精神、公平正义的竞争精神、集体主义的团队精神、遵纪守规的道德精神和更快更高更强的超越精神等7个方面概括了体育精神的内核，并通过道德价值、审美价值、发展价值及社会价值4个方面依次阐述了体育精神的价值。

第五章，体育精神的现实问题与实践路径。本章通过对现实问题的考察以及体育精神培育实践路径的分析，首先从体育教育精神缺失、体育竞赛中精神异化以及体育舆论的片面导向3个方面结合实例，说明了体育精神的现实境遇；其次，哲学审视的根本目的是解决现实问题，因此从政府引导、教育引领与社会宣传3个方面阐明了培养体育精神的实践路径。

第六章，结语。本章对全书进行了总结与展望。

目　录

第一章 导 言

支撑生命最可靠的力量不是物质而是精神——小到决定一个人人格的优劣，大到决定一个民族和国家文明的兴衰。[1]

——王树增

体育运动不仅是游戏，不仅是纪录的创造，同样也是一种升华，也是一种精神上的恢复。[2]

——卡尔·雅斯贝斯

第一节 问题缘起：精神呼唤与现实反思

《尚书》云：“唯天地万物父母，唯人万物之灵”[3]，意即天地孕育滋养万物，乃万物之父母；天地之性人为贵，人乃万物之最灵。莎士比亚也借其塑造的人物之口大声呼告人类是“宇宙之精华，万物之灵长”[4]。人为万物之灵，而余物不能然之关键是人的独特性——人不仅具有物质性，更具有精神性。人类从将自身与动物区别开来起，便不断从事着生产实践活动。一方面，人类在不断向外拓展，不断改造物质世界，在生产自己的生活资料的同时间接地生产着自己的物质生活本身；另一方面，人类又在实践交往活动中

[1] 王树增．长征[M]．北京：人民文学出版社，2006:5.

[2] 卡尔·雅斯贝斯．时代的精神状况[M]．王德顺，译．上海：上海译文出版社，2013:45.

[3] 李学勤．十三经注疏·尚书正义[M]．北京：北京大学出版社，1999:270.

[4] 莎士比亚．莎士比亚八大名剧：下[M]．尚永强，译．呼和浩特：内蒙古人民出版社，2006:409-410.

向内省察，不断构建自己的精神世界，以其能动性统摄人心、指导行为。人的存在是肉体组织与精神现象的统一，没有人，精神便不会存在，没有物质便不能表现精神，二者相辅相成，不可分离；若无精神，则人必不是完全独立之人。因此，精神现象是人类所独有的，从某种意义上可以说“人之作为人的状况乃是一种精神状况”[1]。在人类生命的历史长河中，精神绝不是可有可无之物，精神和精神生活具有深层的实在性意义。

然而，在很长的一段时间内，对精神的关注常涉及形而上学和宗教神学等领域，精神被看作神秘之源，是一种理念，纯粹的精神就是上帝。正因为精神曾被指带有神秘色彩的、非科学的、非理性的，所以人的精神价值一度遭到否定、排挤。伴随着自然科学的迅速发展与社会分工的不断细化，社会生活发生了很大变化：一方面，后工业社会创造了极其丰富的物质财富，日新月异的科技发展与迅猛的信息化进程，让人们切实感受到科学技术所带来的实惠；另一方面，前所未有的危机悄然降临，丰富的物质文明使人们生活日益便捷的同时，也在消解社会精神文明发展。过分强调高效、便捷的实用主义，造成了人与自然、人与社会、人与自我的疏离，使人成为异化的“片面的人”，不可避免地导致了精神的衰落。物质文明的极大丰富将人们从“保种”的生存需要中解放出来，也使人们更加关注与思考精神生活的构建，直面后工业社会裂变所带来的“不能承受的生命之轻”，人们呼唤人文精神的诗性回归，寻求走出现代精神危机的出路，以重构人类的“精神家园”。

随着生产方式和交换方式的深刻变革，近代的社会分工日益精细，受19世纪后期大行其道的实用主义和工具理性的涤荡，现代教育也不可避免地受到影响。专门化教育得到推崇，受到“盲目信任”：一方面，专门化教育片面强调知识的万能，把物理学、数学等自然科学看作知识与真理的唯一形式，将自然科学与人文科学置于严格对立的两极，一时间“学好数理化，走遍天下都不怕”的论调甚嚣尘上，人文学科的地位和作用逐渐陷落；另一方面，专门化教育将自然科学的实证观念和数学量化方法运用到一切人文社会

[1] 卡尔·雅斯贝斯．时代的精神状况[M]．王德顺，译．上海：上海译文出版社，2013:4.

学科之中，以知识为中心，形成了一种“唯知识、唯技术、唯技能”的知识观教育模式，学生只能被动地接受相对狭隘的知识与技能培训，所有学科都被知识化、技术化。这种过度的专门化教育纵容科学方法的无限僭越和滥用，“把人推进各专业学科的隧道里，他越是在自己的学问中深入，便越是看不见整个世界和他自己”，在这种实证化、专业化、数量化的教育体制中，精神的完整性和实在性被肢解了，人的主体性遭到了漠视，因而陷入了“‘对存在的遗忘’那样一种状态中”[1]。这种教育危机的实质在于极端工具理性主义使作为教育对象的人的存在被遗忘，追求知识与效率却否定了精神实在和价值多样性，忽视了人类行为的精神性、主观性和价值性的因素，导致在教育中人被物化、工具化。

体育也不可避免地受到了影响，很长一段时间内，体育不断地被误读、被曲解、被轻视。曾经，体育作为一种生活方式，一度被认为是可有可无的，是人们茶余饭后的休闲与消遣；作为一种人体活动方式，一度被看作纯粹的肌肉运动，以消耗多余的体力；作为一种教育方式，一度被“边缘化”，其价值仅在于“行气血”“强筋骨”，是智育的补充；作为学校课程，理所当然地是副科，常被侵占，为所谓的主科让道，连基本的课时都难以保障……随着社会生产和生活方式的不断变革，体育的社会地位迅速提高，其在世界上的影响力和声誉大幅提高，深刻影响着人们的生活方式。然而，受过度膨胀的工具理性观念的影响，为功利主义所裹挟，体育被技能化、技艺化——体育运动被当作一种纯技术形式的身体活动，被当作非人格化的技术规定性活动系统；体育课程被当作纯粹以运动项目为依托，进行运动技术教学、训练的活动；体育教学被当作以增强身体健康为唯一旨归的训练活动，以被分解的一个个技术动作为内容，课课练。在这种特定的时代状况之下，体育被塑造为一种与心灵相隔离的训练活动，而其与系统身体训练的价值比肩而立的精神价值被忽略了，其深刻的精神内涵被遮蔽了，体育精神被遗忘在角落，与“心灵的勇气和身体的活力合为一体”[2]的活动渐行渐

[1] 米兰·昆德拉．小说的艺术[M]．董强，译．上海：上海译文出版社，2004:4.
[2] 塞莫斯·古里奥尼斯．原生态的奥林匹克运动[M]．沈健，译．上海：上海人民出版社，2008:64.

远，仍然处于备受关注而又饱受争议的状况中。

本书的研究正是基于对现代人精神困境与教育危机的反思，选择“体育精神”为主题，从体育运动及当前体育精神缺失的现实问题入手，通过对体育精神的内涵、实质及培育等的思考与分析，试图探寻体育真义，使体育真正回归教育，真正成为身体与精神相契合、文化得以传递的活动。

第二节 研究目的及意义

当前，体育在人们的生活中扮演着举足轻重的角色——它不仅是人们重要的生活方式，更是社会文化不可或缺的重要组成部分。体育不是技术发展与进步的偶然产物，而是人类智慧的结晶，是人类有意识的社会实践活动，更是人类的一种精神创造。体育精神是促进体育发展的不竭动力，是引导人们正确认识体育、自觉自发参与体育活动的基础，更是促进人的发展与社会进步的根本所在。

基于对已有体育精神理论研究以及我国体育精神现实境遇的分析和反思，本书试图探讨当前体育精神的异化及教育中体育精神缺失的问题，明确体育精神的概念及内涵，探索体育精神的历史演进过程，澄清体育精神的本质及价值，把体育精神这一对体育发展具有重要意义的因素落实到实践之中。在体育精神不断式微的今天，对体育精神的探讨与思考具有重要的理论意义和实践意义。

一、理论意义

2000年，在首届劳伦斯奖颁奖现场，纳尔逊·罗利赫拉赫拉·曼德拉（Nelson Rolihlahla Mandela）的一句话成为经典：“体育拥有改变世界的力量。”在他看来，体育具有鼓舞人心、激发灵感的作用，它可以将不同区域民族及不同社会文化背景的人们团结起来，聚合在一起；作为一种特殊的语言，它能够以青年人乐于接受的话语方式同他们沟通交流；它能够在荒漠中、在绝望中创造希望。正如曼德拉所言，体育的真正魅力和力量，在于它将人的身体与精神熔炼在一起，在展示和提升人的自然力量的同时，不断塑造人格、提升精神境界。一方面，本书的研究是对体育精神研究的发展和补充。早在开创现代体育之时，“体育精神”便引起了学者们的重视，然而到目前为止，对体育精神的内涵及培育等问题的研究，尚处于探讨阶段，未形成统一的认识。本书在前人研究的基础上，结合体育精神发展进程，致力于对体育精神实质、内涵及培育等问题做进一步的探索。这在一定程度上可以拓展对体育精神的研究，丰富体育精神的理论。另一方面，体育精神是体育元问题研究的范畴，对体育精神进行研究，有助于加深对体育本质的认识，有利于进一步认识体育的精神价值，从而有利于体育理论研究的进一步拓展和丰富。

二、实践意义

本书的研究具有一定的实践意义。第一，本研究在探讨体育精神的内涵、特征及价值的基础上，从体育教育、体育竞赛及体育舆论等方面剖析了体育精神缺失的现实状况，有助于引起对这一现实状况的关切与反思。第二，体育精神的研究对培育和践行社会主义核心价值观有积极的影响。体育精神内核所涵盖的人本精神、公平正义精神、集体主义精神、遵纪守规精神等内容是社会主义核心价值观的具象组成，其蕴含的精神正能量与构筑社会主义核心价值观的核心要素相契合。第三，体育精神的研究有助于促进社会精神文明的发展。体育精神的发展与人类精神文明发展史相交织，它本身就是人类精神文明百花园中的一枝，它的发展同人类社会发展相适应，是人类社会历史发展中不可割裂的一部分。第四，体育精神既是体育教育的重要内容，也是进行体育教育的基础。本书对体育精神的探讨与分析，不仅为体育教学活动注入了新的内容，也有助于加深人们对体育教育价值的认识，有助于帮助人们建立全面的体育价值观，真正认识到体育的教育功能，从而指导深化体育改革，改善体教“两张皮”的状况，使体育回归日常生活、回归教育。

第三节　研究综述

体育是人类社会文化生活极为普遍与重要的组成部分，体育精神乃体育的核心与灵魂，是体育发展和社会进步的不竭动力和力量源泉。对体育精神已有研究成果的回顾与整理，既有助于加深对体育精神的理解，澄清研究思路，也有利于在方法论上为理论研究提供指导，指明方向。

一、国外相关研究

尽管通过国家图书馆、武汉多所高校图书馆的馆藏、电子资源以及海外邮购、代购等方式对主题为“体育精神”的文献进行搜集，但实际掌握的有关体育精神的文献资源仍非常有限，很多与体育精神研究及教育相关的材料仍无法触及。因而，本书只能在所搜集到的有限文献范围内，对国外一些相关著作和文章进行分析。国外相关研究成果大体涉及以下几个方面内容。

（一）相关理论的研究

体育是人类古老而又极其重要的生命活动，自其产生肇始，先哲们便将其闪烁智慧的目光投注其上，留下了许多有益的思想。自古希腊时期起，身体与精神，便始终是体育研究，乃至人类文明探索中始终交缠的极其重要而深刻的命题。无论是从毕达哥拉斯开始的哲人们将精神与肉体对立的二元论，还是以德谟克利特等为代表的“身心一元”的身体运动和谐观念，都体现了先哲们对身体与精神的深刻思考。当时，体育精神虽然不是一个完整的命题，但已经开始进入人们的研究视野。伴随近代奥林匹克的复兴，无论是1897年德·库西·拉芬校长在勒阿弗尔奥林匹克代表大会上的“体育力量的精神作用”的教育演说，还是1905年在布鲁塞尔奥林匹克代表大会上法国著名文学家马塞尔·普雷沃的精彩演讲——“学校的体育精神”，还是被顾拜旦誉为体育专家的阿贝尔·贝尔捷对体育精神的研究[1]……都显示了体育精神

[1] 皮埃尔·德·顾拜旦．奥林匹克回忆录[M]．刘汉全，译．北京：北京体育大学出版社，2007：44，76，106.

已逐渐成为学术研究领域的独立命题，引起了人们的关注与思考。

弗雷德里克·兰德·罗杰斯在其著作《学校体育与游戏中的业余精神》（*The Amateur spirit in Scholastic Games and Sports*）中基于教育学的立场，坚持必须从做中学的教育理念，通过对古代与近代哲学家思想的梳理试图寻找一种将竞技游戏（athletic games）“归还”参与者的最大教育价值的方式。他确信通过还运动会于运动员，通过在比赛过程中给参与者以实现决策的机会以及为自己的决策全权负责的方式，可以找到这种最大教育价值的方式，体育教育的目的就在于以这种方式代替教练控制。在书中第二部分，他从公平竞争、成功、竞争和业余主义等方面介绍了体育业余精神。

在《英国体育与娱乐，1868》（*British Sports And Pastimes，1868*）一书中，作者通过对当时英国社会上流行的体育运动与娱乐方式的介绍与分析，指出体育对人们生活与精神状态的深刻影响，认为“体育作为一种强有力的流行风尚，深刻地影响着英国人的生活和人格”，并强调也许具体的英国体育运动项目可能会消失，但英国体育及其精神将一直存在，“即使英格兰不再存在了”。

德国哲学家卡尔·雅斯贝斯写于1930年的著作《时代的精神状况》描述了社会现代化进程中一战后西方人精神衰亡的危机状况，并通过对现实社会状况的深刻分析描画了这种精神虚无与焦虑留给当代西方人的困境。在对时代精神状况的分析和现实社会生活的哲学反思中，雅斯贝斯以“体育运动”为章节标题，探讨了体育运动在精神恢复中的地位及作用。雅斯贝斯认为，“自我保存的冲动”的精神需要，“作为生命力的一种形式”“作为直接生命需要的一种遗迹”[1]在体育运动中找到了栖身之所，得到了满足。在他看来，当代人通过体育运动对禁锢、僵化人类精神自由的社会现状发出抗议，奋起反抗束缚、禁锢、限制的人们希冀在体育运动中寻求解放，呼唤精神自由。正是因为认识到体育运动不仅是“受意志控制的肉体活动”，更是当代人的精神自我表现的方式，他才高度评价其是“一种升华，也是一种精神上

[1] 卡尔·雅斯贝斯．时代的精神状况[M]．王德顺，译．上海：上海译文出版社，2013:43.

的恢复”“体育成为一种哲学”[1]。当然，置身于广阔的、流动的、变化的社会生活之中，雅斯贝斯也看到了当代体育运动的历史局限性。在技术性的生活秩序之中，在体育运动中精神也难以避免被异化的危险，对最高技艺的追求，对希望建立对别人的优势的人们来说，“全部重要的事情在于创造纪录”。因此，“仅仅通过体育，人还是不能赢得自由……不能够克服丧失他的自我的危险”[2]。

如果说雅斯贝斯仅将体育看作解决当代精神危机的一种有限的方式的话，那么希腊学者赛莫斯·古里奥尼斯的专著《原生态的奥林匹克运动》则从教育学视域对体育进行了精神考古。以时间为基线，作者一方面通过对体育文明的起源、实质以及发展过程进行了简要的阐述和分析，表达了对古希腊体育精神的高度礼赞；另一方面，作者选择足球、篮球为代表，批判了现代社会对体育精神内涵的扭曲与误解，并发出当代社会亟须体育精神回归的喟叹。塞莫斯·古里奥尼斯通过对体育运动的概念提炼、体育文明实质、起源及发展过程的梳理，将体育精神提升到了无可比拟的高度。在他看来，体育是人类的创造物，是人类“通过比赛和公平竞技的方式将攻击性本能转化为高尚精神价值的质变过程”，它是一种教育，意味着“弘扬美德、提高素质、改善社会”[3]，是“以一种特别的修德之道，使用身体来雕刻人类的灵魂，实现个体的道德化，继而是整个社会的道德化”。通过平等比赛的“文明竞技”方式，人们对胜利的追求“从奸诈的竞争场所转移到了崇高的精神层面”，这才是体育精神，而在古希腊文明之后的西方社会变革中，锦标运动成了“冒牌的‘体育运动’……是变质了的、误导人的‘体育运动’”[4]，体育精神被遗忘在角落里。在这本著作中，作者对体育精神及其社会价值给予了高度肯定，其对当代体育精神失落现状的阐述，以及坚持体育运动回归教育以实现体育精神的回归的思想都是十分有益的。但其将古希腊体育看成

[1] 卡尔·雅斯贝斯．时代的精神状况[M]．王德顺，译．上海：上海译文出版社，2013:45-46.

[2] 卡尔·雅斯贝斯．时代的精神状况[M]．王德顺，译．上海：上海译文出版社，2013:45-46.

[3] 塞莫斯·古里奥尼斯．原生态的奥林匹克运动[M]．沈健，译．上海：上海人民出版社，2008:132，36，172.

[4] 塞莫斯·古里奥尼斯．原生态的奥林匹克运动[M]．沈健，译．上海：上海人民出版社，2008:152.

唯一的文明形式，从当代视野看待历史问题而对古希腊体育精神的过度阐释又是我们需要注意的地方。

克里斯汀·梅辛杰的《美国小说中的体育和游戏精神：从霍桑到福克纳》（*Sport and the Spirit of Play in American Fiction*：*Hawthorne to Faulkner*）则可谓另辟蹊径，是体育理论研究的一次全新的尝试，为体育理论研究注入了新的活力。作者对美国文学中的体育以及游戏精神这两个截然不同却又密切相关的主题充满了浓厚的兴趣，通过对Fink、Ehrmann、Brian Sutton-Smith、Faulkner、Hawthorne、Hemingway等美国作家著作的分析解读，“从福克纳和海明威的早期论述中，试图勾勒出游戏与美国体育共鸣的发展路径”[1]。虽然这部著作并未直接对体育精神进行阐述，但其对体育运动中人的情感及精神实质的洞悉，仍为深化体育精神理解提供了新的视域。

《体育与精神导论》（*Sport and Spirituality*：*an introduction*)[2]则将体育精神研究引向了更广阔的理论视域，从体育心理学、哲学、伦理学、神学与宗教学研究的视角，分别从体育与精神，宗教与体育，存在主义心理学与体育，道德、奥林匹克主义与精神四个方面，对体育运动与精神活动进行了探究。该著作最大的特色在于它以后现代理论为基础，将精神置于生活意义这一更广阔的社会领域中，深入分析了精神与实践、精神与教育、精神与健康、精神与宗教等的关系，在人的全面发展中赋予体育以升华、超越等更为深刻的精神内涵。

体育精神是西方体育历史发展中产生的概念，是在体育发展演绎过程中经过长期历史积淀而逐渐形成和不断发展的精神文化。它发轫于古希腊时期对体育的思考，对身体与精神的哲学探讨，随着体育的发展而不断深化、扩展。而今体育精神作为重要的研究范畴，不断吸引着哲学、教育学、文化学、社会学等多领域学者从不同视野与维度对其进行思考和探索。

---

[1] MESSENGER C K. Sport and the Spirit of Play in American Fiction：Hawthorne to Faulkner[M]. New York：Columbia University Press, 1981:6.

[2] PARRY J, ROBINSON S, WATSON N, et al. Sport and Spirituality：an introduction[M].New York：Routledge,2007.

（二）关于体育精神缺失的研究

伴随着体育研究的不断深入，对体育精神现实状况的反思与关注，也有利于促进对体育精神实质及其深刻内涵的理解与澄清。

在《体育的精神》（*The Spirit of The Game*）一书中，著名体育记者米歇尔·博斯（Mihir Bose)通过对体育史的重述，揭示了体育如何背离其原初的精神，以及该书如何成为21世纪最具影响力的生活方式之一的。用米歇尔·博斯自己的话来说，该书目的在于“既对体育如何变成一桩买卖进行分析，更致力于对原初的体育精神的改变以及体育究竟以何种方式与社会共振等问题的探讨”[1]。在米歇尔·博斯看来，“体育绝不仅是一种娱乐，其影响远在运动场地之外，实质上，其本质在于可以塑造更加美好的社会”“体育可以塑造人格，培养纪律意识”[2]，而现代体育被金钱利益左右，权钱交易、腐败滋生不但是体育精神异化的表现，也是对“追求公平正义、崇高业余主义”的传统英国体育精神的玷污。米歇尔·博斯将英国教育传统中的体育精神文明部分抽离出来加以定义，并与体育发展研究相结合的尝试，为审视体育精神提供了新的视角。然而，该书也存在局限性：一方面，它将英国传统体育视为完全无关于政治的、经济的观点，具有浓厚的“乌托邦”色彩；另一方面，它将现代体育背后潜藏政治企图和政治目的的原因，完全归结于顾拜旦将体育视为公共领域概念即“体育运动能够通过定期的国际竞赛的形式实现价值传播”[3]的观点，既忽视了体育作为一种社会生活方式、一种文化形式必然受经济发展与社会思想观念发展影响的科学规律，又带有强烈的民族情感而有所偏颇。

Pieter Bonte等学者在其专著《运动能力提高，人性和伦理》（*Athletic Enhancement*，*Human Nature and Ethics*）的序言[4]中，坚持从人性的角度阐释和理解体育精神，认为从根本上而言反兴奋剂不仅在于兴奋剂有害于人的健

[1] BOSE M.The Spirit of The Game[M]. London：Constable&Robinson Ltd. 2012:5.

[2] BOSE M.The Spirit of The Game[M]. London：Constable&Robinson Ltd. 2012:9–10.

[3] BOSE M.The Spirit of The Game[M]. London：Constable&Robinson Ltd. 2012:517.

[4] BONTE P, TOLLENEER J, SCHOTMANS P, et al. Athletic Enhancement,Human Nature and Ethics[M]. Berlin: Springer Netherlands, 2013:1–18.

康和公平竞争，更在于其对体育精神本质的损害与违背，即使可以通过健康和公平的方式使用兴奋剂，但仍需要坚持抵制，因为它违背了体育激发人类潜能的本质精神。

此外，许多论文都侧重于从社会现象中探讨体育精神现状和具体表现。这些论文一方面着力对当今现实生活中兴奋剂、体育赌博、体育暴力等种种有悖体育精神的现象进行了描述和分析，如Rogol[1]分析了青少年滥用药品以提高运动成绩的有悖体育精神的问题；意大利博洛尼亚大学学者Bruna Zani与奥地利林茨大学学者Erich Kirchler[2]通过对意大利足球迷及球迷俱乐部的介绍分析，运用群体动力学及社会人口变量因素分析等阐释了当前体育暴力对体育竞争精神的压制。另一方面通过对世界反兴奋剂条例、反兴奋剂斗争的分析阐述发出了“追寻体育精神”的呼告，如英国斯旺西大学McNamee[3]教授认为体育精神是反兴奋剂斗争中的重要因素，也是反兴奋剂政策的核心；Thomas H. Murray[4]博士强调他理解的体育精神不仅体现在奥林匹克运动会中，更体现在每一位业余运动员的努力奋斗之中，反兴奋剂斗争是为了体育的未来及灵魂，为了追寻体育精神的持续斗争。

二、国内相关研究

为较为全面地掌握体育精神研究方面的进展情况，本书利用中国知网（CNKI）中国期刊全文数据库，以篇名“体育精神”为检索式进行多次检索。检索发现，各类期刊共发表有关体育精神的研究文章807篇（本书的数据截至2015年1月2日），其中核心期刊（包括CSSCI期刊）论文152篇，博士学位论文3篇，优秀硕士学位论文30篇，分年度统计结果见图1.1、表1.1。

---

[1] ROGOL A D.Drugs to enhance athletic performance in the adolescent[J]. Seminars in adolescent medicine,1985,（4）:317-324.

[2] ZANI B, KIRCHLER E.When Violence Overshadows the Spirit of Sporting Competition[J].Journal of Community&Applied Social Psychology,1991,1:5-21.

[3] MCNAMEE M J. The spirit of sport and anti-doping policy: an ideal worth fighting for[J]. Play true, 2013（1）:14-16.

[4] MURRAY T H.In Search of the Spirit of Sport[J].Play true, 2007（3）:24-26.

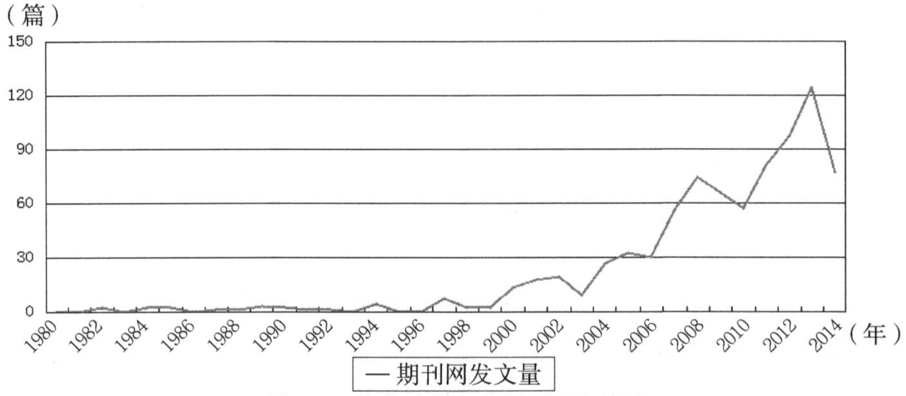

图 1.1　体育精神研究期刊论文统计

表 1.1　体育精神研究各类期刊（数据库）论文统计

年份	全部期刊发文量	核心期刊发文量	硕博学位论文数据库	年份	全部期刊发文量	核心期刊发文量	硕博学位论文数据库
1980	0	0	0	1998	2	1	0
1981	0	0	0	1999	2	1	0
1982	2	1	0	2000	13	3	0
1983	0	0	0	2001	17	2	0
1984	2	1	0	2002	19	5	0
1985	2	1	0	2003	9	3	0
1986	0	0	0	2004	26	3	1
1987	1	0	0	2005	32	12	1
1988	1	0	0	2006	30	4	3
1989	3	2	0	2007	56	13	5
1990	2	0	0	2008	74	8	2
1991	1	0	0	2009	65	6	2
1992	1	1	0	2010	57	13	3
1993	0	0	0	2011	81	11	2
1994	4	3	0	2012	97	17	7
1995	0	0	0	2013	124	27	3
1996	0	0	0	2014	77	12	4
1997	7	2	0	合计	807	152	33

根据上述图表数据走向，结合相关论文研究主题与内容等信息分析，体育精神研究从20世纪80年代初开始以独立主题出现，逐渐进入学界研究视野；20世纪90年代初，体育精神研究逐渐兴起，论文研究数量有所增长；21世纪以来，论文发表数量显著增加，呈现出快速增长的阶段性特征，尤其是自2004年起，研究专著相继出版，且不断出现专门以其为论旨的博士、硕士学位论文，研究领域迅速拓展，理论研究不断深化，进入了繁荣发展的新阶段。

纵观国内体育精神研究进程，体育精神研究的发展历程大致可以划分为三个阶段。下面分别梳理这三个阶段的研究成果与特点。

（一）体育精神研究的起步阶段（20世纪80年代）

1980—1989年是体育精神研究理论探索的起步阶段。体育精神研究发端于这一时期绝不是偶然性事件，这与当时的具体国情及国家政策导向密切相关。1978年党的十一届三中全会召开，确定了“以经济建设为中心，坚持四项基本原则，坚持改革开放”的基本路线，党和国家将工作重心转移到了现代化建设之上，开启了中国式的现代化道路（即探索中国特色社会主义现代化建设道路）。随着社会主义现代化建设的风生水起，社会主义生产力和人民物质生活水平显著提升，精神文明建设也引起了人们的高度重视。在1979年召开的党的第十一届四中全会上，叶剑英在为庆祝中华人民共和国成立30周年大会准备的讲话稿中第一次明确提出了“建设社会主义精神文明”。他在讲话中指出，高尚的、丰富多彩的文化活动的发展，全民健康及教育科学文化水平的提高，崇高革命理想和革命道德风尚的梳理，都是建设社会主义精神文明的重要内容。在1980年12月20日召开的中央工作会议上，邓小平同志“贯彻调整方针，保证安定团结”的讲话，更加明确了精神文明建设的重要地位，他认为我国作为社会主义国家，高度的物质文明与精神文明缺一不可，强调没有精神文明，就没有共产主义思想与道德，更加无法建设社会主义。1982年，邓小平同志第一次明确了建设社会主义精神文明是坚持社会主义道路的“必要保证”，更在7月召开的军委座谈会上阐明了社会主义精神文明建设的根本任务。同年，胡耀邦同志在党的十二大报告中，全面论述了社会主义精神文明，认为其是社会主义的重要特征，是社会主义制度优越性的体现，并将精神文明建设作为党的重要奋斗目标。

这一阶段，大多数学者将体育精神作为社会主义精神文明的重要内容展开讨论。代表性的研究成果有李凌的《让体育精神在社会各领域放射光芒》（1982年），刘永平的《试论体育精神文明的特点和发展规律》（1984年）、刘厚生等的《体育精神文明量化指标的探讨》（1988年）等。李凌在《体育科学》上发表的《让体育精神在社会各领域放射光芒》一文可谓体育精神理论探索开始的标志。论文围绕体育精神的主要内容、体育运动的特点及原则展开论述，将体育精神的根本归结为“竞赛精神，力争优胜的精神”，指出“体育精神的一个主要内容就是集体主义、爱国主义精神”，强调“体育精神是精神文明的重要内容，应把体育精神推广到全社会”[1]。作为以体育精神研究为主旨的第一篇论文，其关于体育精神的基本观点对以后的研究起到了重要的启发和指导作用。刘永平则围绕体育精神文明的历史发展、体育活动的本质含义及其在社会主义精神文明建设中的地位等，从四个方面对体育精神文明的特点进行了初步的概括，并从五个精神文明发展规律的角度考察了体育精神文明发展规律[2]。刘厚生[3]等学者则结合实际运用统计观察的理论方法，对体育精神文明量化指标进行了研究，并设计了赛风指数。

段小光发表于此时期的论文《体育精神与武化功能》从淡化政治意识的目的出发，将体育精神的内容概括为热爱生命、超越自我、合理竞争和追求自由四个方面，非常值得注意。但是，作者仅认为体育是一种社会现象具有武化功能，拒斥体育是一种特殊文化现象具有文化功能的观点却又值得斟酌与讨论。

这一阶段研究体育精神的学者并不多，发表的论文较少，主要是在精神文明视域中对体育精神进行研究，虽然涉及体育精神的内容、特点及其在精神文明建设中的地位与作用等方面，但基本未有对体育精神的界定、本质及

[1] 李凌．让体育精神在社会各领域放射光芒 [J]. 体育科学，1982（4）:15-18.

[2] 刘永平．试论体育精神文明的特点和发展规律 [J]. 西安体育学院学报，1984（2）:6-9.

[3] 刘厚生，邓宗琦，汪长慰，等．体育精神文明量化指标的探讨 [J]. 华中师范大学学报：自然科学版，1988（3）:352-356.

内涵等深层问题的探讨。总体而言，这一时期的研究影响力较为有限，尚处于零散的酝酿阶段。

（二）体育精神研究的拓展阶段（20世纪90年代）

20世纪90年代，体育精神研究得到了进一步重视，文章内容较之以前丰富了许多。这一阶段的研究不再局限于精神文明建设范围，而且开始对体育精神的内涵进行探讨，研究领域逐渐拓展，程度也有所加深。

这一时期，仍有像《论高校体育教学与精神文明建设的关系》《浅谈体育运动和精神文明》《弘扬中华体育精神为精神文明建设做贡献》《中华体育精神与精神文明建设》《论体育精神在精神文明建设中的作用》等为数不少的围绕精神文明开展体育精神探讨的研究成果。这些成果虽然继承之前研究将体育置于社会主义精神文明建设总命题中讨论的传统，但也呈现出新的特点。一方面，虽然同样是在宏观层面审视体育精神与精神文明建设，但这一时期的研究更加倾向于具体化。例如，杨竹木[1]结合高校体育教学具体环节探讨了加强社会主义精神文明建设的重要性及其作用；周坚强[2]则在论文中具体探讨了学校体育在社会主义精神文明中的教育作用；白光辉[3]创新性地从体育在建立和改善人际关系的功能方面探讨了体育与精神文明之间的关系。另一方面，开始了对中华体育精神的研究。学者刘吉最早在《弘扬中华体育精神为精神文明建设做贡献》[4]一文中将中华体育精神归纳为祖国至上、团结拼搏、敬业奉献、科学求实、艰苦奋斗和遵纪守法六个方面。1997年全国体委主任会议，第一次对中华体育精神的内容进行了凝练概括，时任国家体委主任的伍绍祖同志在报告中指出，“在不同时期、不同工作和不同项目上创造出来的体育精神”经过系统化、条理化的凝练之后，概括为六种中华体育精神，分别是“为国争光的精神、无私奉献的精神、团结友爱的精神、科学求实的精神、遵纪守法的精神、顽强拼搏的精神”。

---

[1] 杨竹木．论高校体育教学与精神文明建设的关系[J]. 湖南大学邵阳分校学报，1990（1）:61-63.
[2] 周坚强．浅谈体育运动和精神文明[J]. 江苏经贸职业技术学院学报，1990（2）:75-78.
[3] 白光辉．体育在人际关系中的新功能——小议体育与精神文明[J]. 辽宁体育科技，1991（3）:42.
[4] 刘吉．弘扬中华体育精神为精神文明建设做贡献[J]. 教育艺术，1997（1）:5-6.

除了对前一阶段研究的继承性发展外，大多数学者更加注重对体育精神本身的探讨。胡卓生、鄢文彬于1991年发表的《试论体育精神及价值观念》[1]一文可谓最早对体育精神进行专门研究的学术论文，文章从民主性、价值观、伦理观和人才观四个方面对作为人类社会文化形态的体育精神的要素进行了探讨。李力研的《两个罗斯福与“体育精神”——兼评美国的历史发展》从哲学视角出发在个体行为道德层面将体育精神理解为一种“个体化的精神范畴”、一种“在行为中体现出的精神风格”[2]，并通过对历史材料的掌握，以对美国两位杰出的罗斯福总统体育精神表现的具体分析，从政治历史的角度阐发了体育精神的价值所在。左新荣认为体育精神美乃体育的最高境界，以美学视角从解除人际间心理防卫、为社会的稳定注入新气象、促进社会特殊消费市场的繁荣等方面论述了体育精神之美的社会效应[3]。宋淑芳的《体育教学中的体育精神与人格教育》（1997年）及王文平的《体育精神的培养与大学生精神文明建设》（1997年）则从教育实践的角度分别从反思体育教学知识技能化以及大学生精神文明建设方面探讨了体育精神的培养问题。

通过对20世纪90年代论文的研究主题及内容等信息的分析，可以发现这一时期的研究趋势：一是研究视角拓宽，体育精神研究已经扩展到了哲学、文化学、教育学、政治学等领域；二是理论研究与实践观照并举，与上一阶段相比纯粹理论探讨方面的成果有所减少，开始触及、探讨体育精神教育中的现实问题。1990年以来，尽管研究主题较为单一、研究成果略显单薄，但是学者们不断从新的角度丰富了研究路径，将体育精神研究引入了拓展阶段。

（三）体育精神研究的深化阶段（2000 年至今）

21世纪以来，体育精神研究进入了第三个阶段。这一阶段，具有较高学术水平的研究专著相继问世，将体育精神引入更加深入、更加细化的探讨和分析，学术研究硕果累累。与此同时，期刊论文数量呈几何级数增长，研究内容日益丰富，研究方法和角度有所突破。总体而言，21世纪以来，体育精

[1] 胡卓生，鄢文彬 . 试论体育精神及价值观念 [J]. 体育科研，1991（3）:9-13.
[2] 李力研 . 两个罗斯福与“体育精神”——兼评美国的历史发展 [J]. 天津体育学院学报，1992（3）:1-11.
[3] 左新荣 . 从体育精神美的视角看体育的社会效应 [J]. 体育科学，1994（3）:24-28.

神研究呈现出前所未有的繁荣发展态势，开始成为较为热门的话题，进入了深化发展阶段。

这一阶段的研究成果，与20世纪90年代以前的研究成果相比，呈现出一些新的特点，具体体现在以下几个方面。

1. 理论探究精深化

21世纪以来，尽管基础理论研究成果相对较少，但体育精神研究仍以理论探究不断深化为显著特征。

2007年，黄莉在其论文《体育精神的文化内涵与价值建构》中，根据《辞海》对“精神”是“人的意识、思维活动和一般心理状态”的解释，将体育精神界定为从近代体育产生开始的，“人们在体育实践活动中形成的，以健康快乐、挑战征服、公平竞争、团结协作为主要价值标准的意识、思维活动和一般心理状态”[1]。文章不仅对“人本精神、英雄主义精神、公平竞争精神、团队精神”等体育精神的文化内涵进行了深入的分析，而且对其价值内涵与价值标准进行了探讨，具有一定的理论影响。同年，《体育精神的哲学思考》从哲学的角度，对体育精神的内涵、本质与功能等方面做了较为系统的论述，通过对体育精神主体性、创造性、实践性和指导性特征的分析，提出了体育精神是“体育活动主体的世界观、人生观、价值观和生命观的高度集中和概括”[2]的创见性观点。

吴玲的硕士学位论文《论当代体育精神的构建》，可谓较早地系统研究一般意义的体育精神的学术论文。其以体育学基本原理为研究视角，将体育精神看作一种重要的体育伦理概念，从宏观角度将其界定为“人类在一定历史条件下通过体育改造主观世界的精神产物，并随体育的发展变化而变化，具有某种超越时间、地域、种族、政治和个人生命的特征”[3]；从时间角度认为它包含公平竞争、运动员风范、合作精神等人们在运动中体现出来的宝贵品质。虽然论文对体育精神的概念界定未完全体现其本质规定性特征，研

[1] 黄莉．体育精神的文化内涵与价值建构[J].体育科学，2007（6）:88-96.

[2] 黄晓华，黄晓春．体育精神的哲学思考[J].成都体育学院学报，2007（4）:31-33.

[3] 吴玲．论当代体育精神的构建[D].济南：山东师范大学，2007.

究内容未体现体育精神“随体育的发展变化而变化”这一特征，但是其通过对比古希腊与中国古代自然环境、生产方式等历史分析以及对社会道德存在严重问题的现实状况的考察提出的当代体育精神建构的意义及建构方式等问题，进一步深化了体育精神研究的理论基础，充实完善了研究体系，算得上是这一时期理论探究的代表性成果。

2009年，张旭敏的《体育精神的制度分析》[1]从文化学角度，从制度文化的操作、集体与立宪三个层次对体育精神构建进行分析，并以体育精神与体育制度的良性互动为目标对体育道德和体育法规、科学精神与人文精神的关系进行了阐述。尽管这篇文章对体育制度的探讨分析不够深入，但仍为理论研究提供了新的思路。

2011年，王增鑫等的《西方五种主流体育精神探析》一文，从体育精神的本体、社会存在和外延三个方面对西方体育精神思想的产生与发展的历史进行了梳理，认为“自由平等、公平竞争、追求卓越、运动家体育精神以及契约体育精神”[2]是西方文化中最主要的五种体育精神。

理论探究的不断深化，不仅体现在以原有命题的新解读以及新含义挖掘完善理论体系方面，也体现在对新时期的新需求、新问题、新情况的分析与探索上。例如，《论体育精神对构建和谐社会的意义》[3]、《体育精神与中国软实力》[4]、《论体育精神在构建和谐社会中的影响》[5]、《后奥运时代体育精神的传播》[6]、《体育精神的网络化体现》[7]等反映了时代脉搏，从新的角度拓展了体育精神的研究路径，使这一时期的理论研究与前期相比，更加深入、更加精细具体，也更加富有时代性及理论创新性。

---

[1] 张旭敏．体育精神的制度分析 [J]. 河北体育学院学报，2009（5）:25-27.

[2] 王增鑫，于涛．西方五种主流体育精神探析 [J]. 体育学刊，2011（1）:42-45.

[3] 王清芳，李成蹊，胥万兵．论体育精神对构建和谐社会的意义 [J]. 成都体育学院学报，2007（6）:11-14.

[4] 高峰．体育精神与中国软实力 [J]. 学习月刊，2011（15）:34-35.

[5] 梁栋．论体育精神在构建和谐社会中的影响 [J]. 体育博览，2011（10）:26.

[6] 杨旭峰．后奥运时代体育精神的传播 [J]. 新闻爱好者，2011（8）:38-39.

[7] 邹长明．体育精神的网络化体现 [J]. 新闻知识，2014（9）:71-73.

2. 研究视角多元化

从研究视角的分析来看，在研究起步阶段，体育精神研究侧重于从政治学视角出发探讨体育精神与精神文明建设；20世纪90年代，随着研究的不断深入，虽然政治学视角的研究仍占主体地位，但研究视角已逐渐拓宽到教育学、社会学、哲学领域；进入21世纪以来，随着新概念、新方法、新话语和新视野的不断涌现，体育精神研究在研究视角上有所突破，呈现出跨学科交叉的特性，研究视角更加多元化。（图1.2）

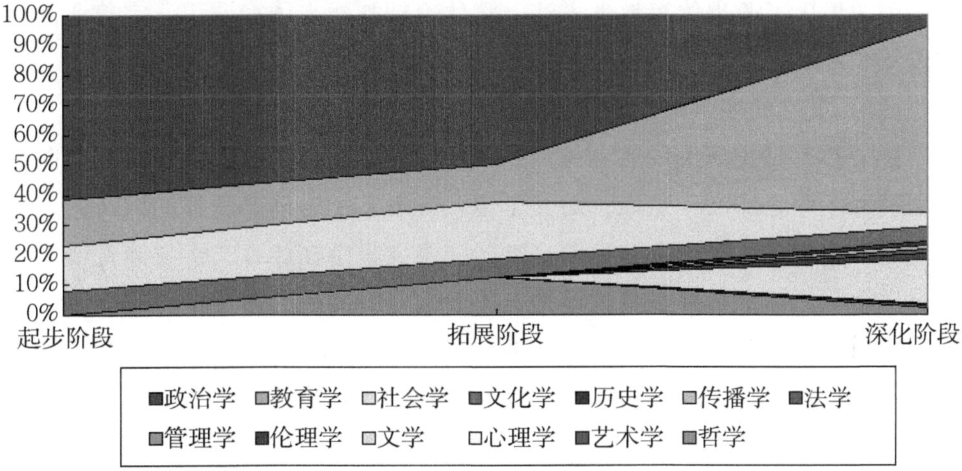

图 1.2 体育精神研究视角归纳分析

（1）教育学的视角

体育从出现起，就是教育不可或缺的重要组成部分，体育精神作为体育中最积极的教育因素，更是体育的灵魂和内核。在教育领域中考虑和研究体育精神，不仅有利于在理论层面上把握体育精神的内涵和教育意蕴，也有助于分析社会症结，指导体育实践，促进人的全面发展，促进体育的繁荣发展。近年来，教育领域中的体育精神研究占主导，成果丰硕。无论是中小学，还是高校教育中的研究，都认可体育精神的教育价值，充分肯定了体育精神在体育教学、校园文化以及学生培养等方面的积极意义。例如，钟秋[1]将

[1] 钟秋．论体育精神的教育价值[J]．体育文化导刊，2002（3）:16–17.

体育精神看作一种社会文化意识，认为体育精神具有推动人类文明进步的社会性价值，具有实现自我的个性价值，更具有树立新的体育教育观念、增添体育教育活力、引领体育教育发展方向的教育价值。张勇、张锐[1]认为体育精神教育是体育教学三个层次中最为重要的内容，应该在体育课上有计划、有目的地培养学生的集体主义精神、拼搏进取精神、竞争精神、艰苦奋斗精神、创新能力等。王胜超[2]认为体育精神是强调以人为本和全面发展的一种文化形态，通过具体分析体育精神教育对培养大学生健康心理和健全人格的积极作用，提出了改进体育教学方法、将体育精神融入体育课程、完善评价标准以及丰富课外活动等强化体育精神教育的途径。

（2）文学的视角

随着体育精神研究的逐渐深入，人们已经不满足于仅仅从体育本身去探究和理解体育。2008年以来，对文学以及影视文学中体育精神的探讨进入研究视野，成为关注的热点。目前这类研究主要集中在体育文学与体育精神、影视文学中的体育精神以及具体的电影、著作所传达的体育精神等方面，代表性成果有《中美体育电影中体育精神的和而不同》[3]、《浅析体育精神在电影中的艺术价值》[4]、《从文艺作品管窥中西体育精神的异同》[5]、《体育精神在文学著作中的作用分析》[6]、《影视艺术中的体育精神价值之解析》[7]、《体育精神在文学著作中的作用分析》[8]、《文学艺术与体育精神关系探讨》[9]等。

---

[1] 张勇，张锐．对体育教学中体育精神培养的探讨 [J]. 北京体育大学学报，2003（5）:385-386.

[2] 王胜超．论体育精神教育在人才培养中的重要性及途径 [J]. 中国高等教育，2011（Z3）:73-74.

[3] 肖沛雄，万文双．中美体育电影中体育精神的和而不同 [J]. 广州体育学院学报，2010（2）:28-33.

[4] 李翔．浅析体育精神在电影中的艺术价值 [J]. 电影文学，2011（10）:29-30.

[5] 韩志磊，张桂芬．从文艺作品管窥中西体育精神的异同 [J]. 长城，2012（4）:199-200.

[6] 邓强松．体育精神在文学著作中的作用分析 [J]. 芒种，2012（6）:45-46.

[7] 郑亚林．影视艺术中的体育精神价值之解析 [J]. 芒种，2012（23）:231-232.

[8] 朱弘晶．体育精神在文学著作中的作用分析 [J]. 学术界，2013（S1）:74-77.

[9] 吴春雨．文学艺术与体育精神关系探讨 [J]. 学术界，2013（S1）:61-63.

（3）传播学的视角

近年来，从传播学的视角探讨体育精神主要集中在新闻媒体责任方面。陈志强[1]通过对典型新闻报道的分析，揭露了当前体育报道忽视新闻规律、背离体育精神实质的问题，并提出通过提高体育记者素质以寻求体育精神与新闻报道规律的契合点。吴玉仑[2]则通过批判当前体育报道中体育精神缺失的现象，根据媒体权力及舆论引导判别标准等理论，强调了媒体应当承担的责任。

（4）伦理学的视角

对体育精神的伦理学研究主要集中在对体育精神缺失问题的反思以及对体育伦理建设必要性的分析方面。黎韵的《呼唤体育伦理道德回归——世纪之交失落的体育精神》[3]，刘幼琼的《帕金斯称穿连体泳装有悖于体育精神应予禁止》[4]，张桀的《基因技术亵渎体育精神》[5]，王涵的《科技手段挑战体育精神》[6]，叶天乐的《欧洲赌球丑闻：对体育精神的亵渎》[7]，于文谦、杨韵的《技术性生活秩序危机下体育精神的迷失与诉求》[8]等论文，或通过整体现状的描述，或以具体事例的分析为主要内容，对当前体育精神缺失问题进行了简要分析，为丰富体育精神研究内容的提供了有用的素材。

（5）哲学的视角

近年来，学者们开始从哲学视角出发研究体育精神，引发人们对体育精神的深度思考，引导理论研究向系统化、科学化发展。《体育精神的文化内涵与价值建构》（黄莉）、《西方五种主流体育精神探析》（王增鑫、于

[1] 陈志强．新闻规律与体育精神——关于体育报道特质的思考 [J]. 江西社会科学，2012（12）：119-121.

[2] 吴玉仑．从“掉下来”谈体育精神和媒体责任 [J]. 中国电视，2006（9）:24-26.

[3] 黎韵．呼唤体育伦理道德回归——世纪之交失落的体育精神 [J]. 社会科学战线，2000（2）:255-257.

[4] 刘幼琼．帕金斯称穿连体泳装有悖于体育精神应予禁止 [J]. 游泳季刊，2000（2）:46.

[5] 张桀．基因技术亵渎体育精神 [J]. 科学大众，2001（8）:8.

[6] 王涵．科技手段挑战体育精神 [J]. 科学咨询，2004（10）:43-44.

[7] 叶天乐．欧洲赌球丑闻：对体育精神的亵渎 [J]. 检察风云，2010（1）:46-47.

[8] 于文谦，杨韵．技术性生活秩序危机下体育精神的迷失与诉求 [J]. 山东体育学院学报，2010(10)：1-5.

涛）、《关于佛教与奥林匹克体育精神关系上几种误读观点的辨析》（朱海杰）、《论体育精神》（管济、金育强）等都是这一阶段具有代表性的论文。其中《论体育精神》[1]一文将体育精神看作体育哲学在人们身上的表现，并对人文精神、科学精神、拼搏精神、合作精神及审美精神五个方面内容做了进一步的哲学分析。

3. 研究内容丰富化

从某种意义上讲，研究内容的丰富与充实，是一个研究逐渐成熟的重要表现。在体育精神研究刚刚兴起之时，多数学者在宏观上将体育精神作为精神文明建设的重要内容，据此形成了一些重要的成果。随着研究的深入开展，这一阶段的体育精神研究在数量上增加的同时，研究内容不再囿于一般性的概念及内涵、价值功能方面，更扩充了许多具体方面的研究。概括而言，体育精神研究不断充实的内容有体育精神制度及其与法治关系的研究，体育精神失落现状及反思的研究，体育精神网络化表现的研究，体育精神与和谐社会的研究，体育精神与中国梦的研究，体育精神与体育文学、影视的研究等。其中，以下几个方面的研究内容产生了较多有分量的研究成果。

（1）关于体育精神教育的研究

在学术论文方面，关于体育精神教育的探讨研究占据多数。有涉及学校（含高校）体育精神的内涵、特质及价值向度的研究，如《论校园体育精神的特质与价值向度》[2]、《论高等学校的体育精神教育》[3]、《高校体育精神的特质与培育》[4]、《试论现代大学体育精神》[5]等；有体育精神教育模式研究，如《体育精神及其在现代学校教育中的模式构建》[6]等；有体育课程中的体育精神研究，如《论高校体育教学中体育精神教育的作用与价值》[7]、《体

[1] 管济，金育强 . 论体育精神 [J]. 湖南师范大学教育科学学报，2013（5）:119-121.

[2] 闵健 . 论校园体育精神的特质与价值向度 [J]. 西安体育学院学报，2002（1）:22-24

[3] 王建明，陈红喜 . 论高等学校的体育精神教育 [J]. 江苏高教，2005（2）:97-99.

[4] 李可兴，黄晓丽 . 高校体育精神的特质与培育 [J]. 北京体育大学学报，2006（9）:1196-1197.

[5] 陈友民 . 试论现代大学体育精神 [J]. 江苏高教，2010（5）:63-64.

[6] 熊姿，胡美艳 . 体育精神及其在现代学校教育中的模式构建 [J]. 教学与管理，2009（6）:136-137.

[7] 曾红卒 . 论高校体育教学中体育精神教育的作用与价值 [J]. 体育文化导刊，2005（10）:50-51.

育课程中的体育文化教育与体育精神培养》[1]、《体育精神培养是体育课堂教学的价值体现》[2]等。

（2）关于中华体育精神的研究

关于中华体育精神的研究在这一阶段可谓成果斐然，除了《中华体育精神：高等体育院校弘扬和培育民族精神的切入点》[3]、《中华体育精神、中华民族精神与北京奥运会》[4]、《中华体育精神的儒家文化溯源》[5]等颇具价值性的期刊论文，还出版了《中华体育精神研究》《战国百家争鸣与中华传统体育精神构架》两本与之相关的学术著作。

《中华体育精神研究》作为第一本直接研究体育精神的学术专著，是最早对中华体育精神进行系统性、体系性分析的研究成果。作者黄莉在此专著中首先对体育精神、中华体育精神概念做了详细解析，并以此为基础对中华体育精神的主要内容、思想来源、价值及价值实现进行了分析和探讨，试图构建一套中华体育精神的理论体系。该书将中华体育精神放在中华民族精神的系统中来论述，既符合社会现实需要，又具有理论创新意义，全文分析深入、材料丰富，论述较为系统全面，在体育精神研究成果不多、缺乏理论体系的研究状况下，不仅提出了许多十分有益的观点，而且对理论研究的扩充也具有重要的意义。然而，该书将体育精神当作一种静态的概念来把握、提炼体育精神的内涵，缺乏历史源流的考察，对体育精神的理解具有一定的局限性。另外，正如胡小明所说的被理解为顽强拼搏的中华体育精神，“中华体育健儿可以表现，其他国家、地区、民族的优秀选手也可以表现，怎能冠以‘中华’”[6]。受思想认识和社会时代的影响，将中华体育精神理解为“爱

[1]　符谦．体育课程中的体育文化教育与体育精神培养 [J]. 沈阳体育学院学报，2007（2）:13-15.

[2]　章华雄．体育精神培养是体育课堂教学的价值体现 [J]. 教学与管理，2007（30）:109-110.

[3]　赵高彩．中华体育精神：高等体育院校弘扬和培育民族精神的切入点 [J]. 武汉体育学院学报，2004（1）:4-7.

[4]　郑国华，程其练，刘媛媛．中华体育精神、中华民族精神与北京奥运会 [J]. 北京体育大学学报，2007（6）:731-733.

[5]　武学军．中华体育精神的儒家文化溯源 [J]. 河北北方学院学报：社会科学版，2010（1）:88-90.

[6]　胡小明．论中华体育精神的重构 [J]. 武汉体育学院学报，2009（3）:5-9.

国奉献、团结协作、公平竞争、拼搏自强、快乐健康”[1]的精神，在多大程度上具有中华“独有性”还有待进一步商榷。

文化学研究学者王京龙于2012年出版的《战国百家争鸣与中华传统体育精神构架》[2]一书，作为我国第一部关于中华传统体育精神的理论专著，说明了体育精神这个话题已经引起了不同学科研究者的兴趣，也是体育精神研究不断丰富、拓展的标志。这本专著从历史学范畴，以战国百家争鸣为基础，从中华传统体育精神的构架、基本动因和特征等几个方面阐释了中华体育精神。作者通过对中华传统体育历史演变的梳理，以丰富的史料为基石，截取战国时期这一历史段落，深入挖掘中华民族传统体育精神的深刻思想内涵，既为体育精神理论研究注入了新的血液、提供了崭新的思路，又在一定程度上填补了传统体育精神研究内容的空白，有利于研究向更深层次发展。但这一历史回溯的学术成果，也具有一定的局限性，论著中有些传统思想主张与观点，并不是传统体育精神所独有的，说是中华传统文化的精神会更为贴切一些。

（3）关于竞技体育精神的研究

自2001年起，竞技体育精神作为一个重要内容，进入体育精神的研究视野中。作为最早的直接以竞技体育精神为内容的论文，《新中国竞技体育精神动力的历史审视》[3]具有鲜明的时代和意识形态特色，通过对新中国竞技体育精神动力的历史学考察，强调了发挥体育精神动力促进竞技体育更快更好发展的重要意义。王宝珠、郑浩然[4]从文化哲学角度审视了“现代竞技体育精神”，指明了其追求公平竞争精神的历史根源，并从价值与功能的矛盾与不合理、价值与功能的矛盾运动法则、人的价值思维方式的悖谬和文化创造对人生的悖逆四个方面解析了竞技体育精神的文化悖论。《我国高水平运动员竞技体育精神研究》是竞技体育精神研究的代表性学术专著。这部著作

[1] 黄莉．中华体育精神研究 [M]. 北京：北京体育大学出版社，2008:49.
[2] 王京龙．战国百家争鸣与中华传统体育精神构架 [M]. 北京：人民出版社，2012.
[3] 吴在田．新中国竞技体育精神动力的历史审视 [J]. 体育文史，2001（3）:7-9.
[4] 王宝珠，郑浩然．现代竞技体育精神的文化悖论 [J]. 中国体育科技，2005（1）:12-13，56.

充分吸收、利用了管理学、社会学、价值哲学以及思想政治教育学等学科成果，运用专家访谈、文献分析等研究方法，一方面从理论上对竞技体育精神的概念、内涵与主要内容进行了全面分析，并构建了奥林匹克精神目标层、竞技精神核心层以及职业、民族、团队精神基础层的高水平运动员竞技精神理论模型；另一方面运用个案研究、实例分析等方法从实践层面对运动员竞技体育精神缺失的原因进行了探寻，并提出了运动员提升竞技体育精神的路径。这一论著对作为竞技体育主体的运动员的竞技体育精神的论述，具有引导运动员健康成长的现实价值，也为体育精神研究提供了新的内容、新的话题。虽然该著作以实证研究为主，理论深度及系统性上存在一定的局限性，但是它对体育精神理论的深化、细化，以及对研究体系的进一步完善都有所裨益。

总体而言，中国体育发展进入新纪元以来，体育精神研究方兴未艾，并以研究领域迅速拓展以及研究理论不断深化为显著的特征。

三、以往研究的总体评价

（一）现有研究的成就

纵观研究历程，学术界对体育精神问题进行了较为深入的研究，取得了丰硕的成果，对当前研究具有一定的启示，为本书研究提供了基础。

第一，从整体研究上看，通过对研究发展历程和主要特点的分析可以看出，体育精神研究正逐渐受到各学科领域的关注，成果数量增多、专著质量不断提高，队伍规模不断扩大，研究独立性、重要性和影响力不断提升。

第二，从研究所处阶段来看，体育精神研究涉及哲学、心理学、社会学、文化学、历史学等多学科领域，帮助人们拓宽了研究视域，有利于在跨学科交叉视野中理解体育精神的含义，帮助人们了解体育精神研究的发展方向，为构建科学化、系统化的研究体系提供了相对扎实的理论基础。

第三，从研究内容来看，对体育精神的概念、内涵及功能等有了初步的研究，有利于帮助人们澄清观念、提高认识。

（二）已有研究的局限

当前，虽然我们取得了不少有益的研究成果，对体育精神研究具有启发意义，但是研究还不系统，很多问题和概念都有待进一步探讨和研究，有必要进行更加深入、更加细致的理论研究和实践观照。

第一，对体育精神内涵的理解有待深入。目前相关研究或直接借鉴某一领域概念阐述体育精神，或笼统地描述体育精神的特性，对体育精神的概念缺乏系统深入的分析，内涵和外延缺乏明晰的边界。

第二，虽然研究成果丰富，也有理论专著先后出版，但是主要集中在中华体育精神（中国化研究）以及竞技体育精神（特定阶段具体化研究）两个方面，缺乏对一般体育精神的整体研究，缺少对体育精神现实境遇、实践机制的剖析。

第三，对体育精神在教育中落实方式的探讨较为缺乏。研究者多侧重于论述体育精神对学生成长的重要意义，缺乏对具体实践方式的分析与探索。

第四节　研究方法

本书以问题为导向，遵循“是什么—如何是—怎么样—怎么做”的思路，综合运用多学科研究方法展开对体育精神的探究。

一、文献分析法

文献研究方法是本书研究的基础。通过国家数字图书馆、超星电子图书馆、中国知网等电子资源数据库，通过国家图书馆文献传递功能，搜集整理体育精神、精神教育等相关数字文献资源；利用国家图书馆、学校图书馆藏书资源，并通过亚马逊美国官网搜集购买外文图书资源，尽力搜集积累第一手资料，并对相关文献进行归纳整理、分析鉴别与综合述评。

二、思辨研究法

体育精神是抽象的、本质的，通过推理、归纳和演绎等方式运用逻辑思维方法，对体育精神的本质与内涵进行考察，从而对其进行定性判断。

三、概念分析法

通过整理归纳中外学术界关于精神、体育精神等术语的界定，分析比较不同学者对相同术语概念内涵和外延的界定，分析比较中外文相关概念术语的异同，研究界定一般意义上的体育精神的内涵与外延。

四、历史法

以马克思主义哲学观和历史观为指导，对史料和体育发展进程进行分析，将体育精神的孕育与发展放入历史中进行探讨，而不是将其看作静止的、孤立的，使论述言之有据。

五、比较研究法

对体育精神在不同时期、不同维度的探讨以及中外体育精神教育进行比较分析。

第五节　研究思路

本书试图通过对体育精神的理论研究以及对我国体育精神现实境遇的分析，进一步厘清体育精神的概念、内涵和表征；通过梳理体育精神的历史演进过程，进一步探寻体育精神的本源，澄清体育精神的价值；通过对体育精神现实境遇的剖析，主要在教育领域中探讨体育精神的实践路径。

第一章主要说明了研究的缘起，阐明了研究意义，对国内外相关研究现状进行了述评，明确了研究方法与研究思路。

第二章主要是对体育精神的本体进行阐释。首先考察“精神”一词的词源学状况，通过对“精神”哲学论述的梳理把握其意蕴，接着对几种“体育精神”的定义进行分析，对“体育精神”的概念进行界定。

第三章主要是对体育精神进行历史溯源，目的是达到对体育精神动态的和辩证的理解。通过文献分析，将体育精神置于人类文化的历史长河中，说明体育精神“因何而起”“因何而变”。

第四章是体育精神的本质与价值研究。本章对体育精神的特点进行了分析，全面剖析体育精神的内核，回答了体育精神应当包含哪些内部要素的问题；同时通过探讨体育精神的道德价值、审美价值、发展价值及社会价值，进一步澄清了体育精神的价值诉求。

第五章探讨了体育精神的现实问题和实践路径。本章主要从体育教育、体育竞赛及体育舆论三个方面阐述并分析了当前我国体育精神的缺失状况，并着重围绕政府引导、教育引领与社会宣传三个方面探讨了体育精神培育的实践路径。

第六章对全书了总结和展望。

第二章　体育精神概述

体育在每一片神奇的土壤上，都会因为人类理性和感性的追求，盛开出最灿烂的运动之花。[1]

——埃德温·摩西

体育精神应该是生命的微笑，体育精神应该是生命与生命的交融，体育精神永远是生命的赞歌。[2]

——人民网

胡适曾于1930年4月28日以洋洋洒洒的笔触叙写下对体育的领悟："健儿们，大家上前！只一人第一，要个个争先，胜固然可喜，败也要欣然。……全体的光荣，要我们担戴。胜，要光荣的胜，败，也要光荣的败。健儿们，大家齐来！"[3]这首简单明了又意蕴深远的歌词，倡导的不仅仅是参加运动会的正确态度，更是真正的体育精神。在胡适看来，体育不单是锻炼身体，还是德育；不单是体格上的训练，又是道德上的训练[4]。在奥运会历史上，有一位虽未取得骄人成绩却赢得了比奥林匹克冠军更高声誉的运动员，他便是马拉松选手约翰·斯蒂芬·阿赫瓦里（John Stephen Akhwari）。在1968年的

[1] 王彦．"体坛奥斯卡"今揭晓 以劳伦斯之名重读体育[EB/OL]．[2014-03-26].http：//sports.qq.com/a/20140326/ 013203.htm.

[2] 朱永华．放弃比赛救对手诠释最美体育精神[EB/OL]．[2013-09-06].http：//opinion.people.com.cn/n/2013/0906/c159301-22831597.html.

[3] 胡适．胡适学术文集·教育[M]．姜义华，编．北京：中华书局，1998:104-105.

[4] 白吉庵．胡适传[M]．北京：红旗出版社，2009:205.

墨西哥城奥运会上，比赛开始时因摔倒而膝盖受伤、肩部脱臼的阿赫瓦里，拒绝了医护人员让他退赛的建议，继续向终点跑去。天色渐渐黯淡，人群已散尽，阿赫瓦里仍然坚定地向前挪动。正是他那坚定的决心、坚强的意志感染了所有人，当得知他还在继续比赛，原本准备撤离的工作人员和已回家的市民们纷纷赶回路边，为他鼓劲儿助威，顶着满天星光，迎着专门为他打开的阿兹特克体育场灯光，他终于迈过了终点。那一刻，阿赫瓦里成了英雄，他得到的欢呼、敬意，远比冠军多，随着时间的流逝，人们早已淡忘了那届马拉松比赛的冠军是谁，但是阿赫瓦里一瘸一拐迈向终点的坚定身影却永远定格在了历史记忆之中。阿赫瓦里在与《三角洲天空画报》记者的对答中所留下的“我的祖国，把我从7000英里之外的地方送到这里，不是让我开始比赛，而是要我完成比赛”的名言，更被誉为体育精神“具象的载体”。无论是对体育精神的大力倡导与宣扬，还是对体育精神有力的彰显，都让我们深深感受到体育所具有的迷人魅力。

近代以来，体育以令人惊叹的速度不断发展，更以其无可比拟的生命力与魅力，迅速延伸、渗透至政治、经济、建筑、艺术等社会生产生活的各个领域。在体育与社会的互动中，产生于体育领域的体育精神，具有了更为普遍的意义。然而，在体育不断发展的过程中，由于极端功利主义和物欲主义的态度，以及错误社会氛围的误导，体育的完整形象一定程度上被破坏了，体育在教育中扮演的角色被忽视了。体育精神“异化”、体育精神淡漠的问题，在当今社会逐渐凸显。

体育是体育精神的载体，没有精神活动参与的、纯粹的身体活动，就不再是体育。拥有了先进的体育设施、运用了科学的训练方法、掌握了纯熟的技术动作、取得了骄人的竞赛成绩，这些都不意味着具备了体育精神。体育发展得越迅速、越深入，就越离不开体育精神的浸润。时代呼唤体育精神！

第一节　关于“精神”

“精神”，是为中国人所熟知的词，使用频率非常高。在生活中，我们总能听到、看到、接触到各种与精神相关的概念与论述，“民族精神”“科学精神”“人文精神”“文学精神”“艺术精神”“城市精神”“延安精神”“雷锋精神”“女排精神”……各种精神充斥于生活的方方面面。然而，如果真的要求大家简洁精确地说明“精神”到底为何时，它却会成为我们最熟悉的“神秘人”。因此，在探讨体育精神之前，首先要对“精神”做点探源的工作。这不仅有助于我们厘清思路，更有助于从总体上把握体育精神的意蕴，一窥其“庐山真面目”。

一、“精神”的词源学考察

马克思曾说过：“语言是一种实践的、既为别人存在并仅仅因此也为我自己存在的、现实的意识的。”[1]人与动物的区别在于人乃有语言的生命体，唯有作为说话者，人才谓之为人。处处可见的语言，其实是最贴近人之本质的，语言中积淀着人对世界的体认，积淀着历史延绵和观念变迁，对语言的探讨考察，“恰恰不是把语言，而是把我们，带到语言之本质的位置那里，也即聚集入大道发生之中”[2]。因此，通过词源考察“精神”是一种有效的方法，能帮助我们发现它的基本含义。

（一）外语中的“精神”

作为欧洲文明发源地的希腊，很早就已经有了指称“精神”的词语。著名文化学家林恩·桑戴克认为，希腊语是印欧语系中“最美丽和最柔顺的语言”，其母音使声调像音乐般悦耳，语头和语尾则使语义表现明了，“无丝毫隐蔽之处”[3]。在人们看来，希腊语能够表现出语义上细微的差别和深浅浓淡之分，从其中了解“精神”之“原貌”，是非常重要且必要的。在希腊语中用来指称“精神”的词语有三个，分别是νοῦς、ψυχή、πνεῦμα。首先是νοῦς（νόος、νόου），古希腊诗人荷马最早开始使用“νοῦς”一词，早期作家们并不常用，但之后常出现在古希腊哲学中，本义是“智慧、用于感知和思

[1]　马克思，恩格斯．德意志意识形态（节选本）[M]．中共中央马克思恩格斯列宁斯大林著作编译局，译．北京：人民出版社，2008:25.

[2]　海德格尔．在通向语言的途中 [M]．孙周兴，译．北京：商务印书馆，2005:2.

[3]　林恩·桑戴克．世界文化史 [M]．陈廷璠，译．上海：上海三联书店，2005:116.

考、感觉、智力”[1]，可译为精神、理智、心灵、灵魂等。在《古希腊语汉语词典》中，罗念生、水建馥将其释义归纳如下：“一是神志、心神、心灵、头脑、理智、智力；二是心思、注意力。”[2]其次是ψυχή，ψυχή乃爱神厄洛斯妻子普赛克（Psyche）的希腊名，象征“心灵、灵魂、生命的气息”。ψυχή的词源是ψύχω（本义为呼吸、吹风[3]），具体释义如下：一是气息、呼吸、生命、元气；二是亡灵，与“肉体”（δωμα）相对应，人无实质的、不朽的灵魂；三是宇宙、世界等的精神；四是性情、理智、理性等[4]。最后是πνεῦμα，是由古希腊词根πνέω（动词，本义为吹风、空气流动），加后缀-μα（尾缀附于动词词根后，构成表示抽象意义的名词）构成，一般指风、空气以及呼吸、气息与生命，也指人的精神、灵魂，在宗教中常被解释为天使或圣灵等。由此可见，希腊语并未对“精神”做出一致性的界定，但由词源中可以发现其最初是与呼吸、风、空气等密切相关，乃人类特有的现象。

作为斯拉夫语族中使用人数最多的俄语，对“精神”的表述有两个，分别是“дух”与“душа”[5]。“дух”可作“呼吸”“林中的空气”理解，也可以解释为“精神、气质、习性；内心精神力量；精神实质；神灵、圣灵、魂灵”。[6]“душа”在《现代俄语词典》中有三个意思：第一，作为“心情、内心以及人的内心世界”讲时与“сердце”（本义为心脏）同义，也可译为“精神”；第二，可译为性格、品性；第三，也可解释为“主导人物、中心人物”。“дух”在如“В здорóвом тéле здорóвый дух（健全的精神寓于健康的身体）”“Развивáть революционный дух（发扬革命精神）”“Дух врéмени（时代精神）”等中译为“精神”；“душа”在如“Лопожить душа

[1] LIDDELL H G, SCOTT R. A Greek-English Lexicon[M]. New York: Oxford University Press Inc, 1996:1180.

[2] 罗念生，水建馥 . 古希腊语汉语词典 [M]. 北京：商务印书馆，2004:574.

[3] LIDDELL H G, SCOTT R. A Greek-English Lexicon[M]. New York: Oxford University Press Inc, 1996:2028.

[4] 罗念生，水建馥 . 古希腊语汉语词典 [M]. 北京：商务印书馆，2004:1014.

[5] 苏渭昌，王欣 . 英俄日汉教育词典 [M]. 长春：东北师范大学出版社，1998:488.

[6] 张建华等 . 现代俄语词典 [M]. 北京：外语教学与研究出版社，1998:221.

на что́-нибудь（拿出全副精神）”[1]等中译为“精神”。可见，在日常使用中“дух”更常用来指称一般意义上的精神，“душа”则多指称“心”“心灵”，在上述表达中译为“精神”的时候，更侧重于指“精力”。

法语中的“精神”有“esprit”和“mentale”。其中“esprit”的词根为“spir”，“spir”来源于拉丁语的“spirare”，本义是“呼气、吹气”；“拉丁语的spiritus表示‘生命的气息’，由此产生法语词esprit，表示‘神明、精神、精灵’，当中的首字母e属于‘字首曾音’”。[2]“mentale”的词根为“men ”，该词根源自拉丁语“mens”，本义为“心智、思想”[3]，“mentale”是与智力等相关的精神方面的活动，由其派生的“mentalité”译为精神状态、精神面貌、思想、心理[3]。“esprit”一词指称与“物质”（matière）相对的“精神”，它具有无形的物质、超自然的力量、人的灵魂等方面的含义。

德语中的“精神”一般用“Geist”来表示。《朗氏德汉双解大词典》将“Geist”作为两个词条做了较为详细的解释。首先，Geist1有以下几个释义：一是指人们思考的能力、意识，译为“智力、才智、思想、理解力、头脑”；二是指精神、宗旨、根本特征，如民主精神、奥林匹克精神等；三是指（时代的）精神、思想面貌、本质特征；四是哲学术语，与kӧrper（身体）、materie（物质）等相反，译为精神、心灵、灵魂；五是指并不是真的，仅是想象，“im Geiste”译为在想象中、在精神上、在思想里，如Er sah sich im Geiste schon als neuen Abteilungsleiter（他在思想上已把自己视为新任部门领导人）。其次，Geist2指人类的一种超自然的想象，即鬼神、精灵、魔怪等；或指人去世后的灵魂，即亡灵、鬼魂、幽灵[4]。在追溯其早期形式时，Geist也被认为是“与呼吸联系在一起的”[5]。由此可见，德语将一个广阔而重要的领域都归入“Geist”的名下，异常复杂多义，常常给人

[1]　陈秋生. 简明俄汉双解词典 [M]. 上海：上海译文出版社，1985:196-197.

[2]　张文浩. 法语词汇揭秘 [M]. 上海：东华大学出版社，2010:412.

[3]　张文浩. 法语词汇揭秘 [M]. 上海：东华大学出版社，2010:204.

[4]　叶本度. 郎氏德汉双解大词典 [M]. 北京：外语教学与研究出版社，2000:679.

[5]　卡尔·曼海姆. 卡尔·曼海姆精粹 [M]. 徐彬，译. 南京：南京大学出版社，2002:290.

们的理解与翻译造成许多困难与困惑。譬如，根据不同的语境，可以将其译为“mind”“spirit”“ghost”三个不同的英语名词，翻译家们只能诉诸将“spirit”“mind”互为补充来帮助表达“Geist”的意义。

英语中，与“精神”相对应的词语则更多，人们在不同的情况下使用mental、mind、soul、psyche、spirit等词来表示精神。虽然都可理解为“精神”，但它们之间又存在区别。“mental”为形容词，其派生的名词形式为“mentality”，“mental”为中古英语，来源于晚期拉丁语“mentālis”，由拉丁语“mens”“ment”（心、智慧）衍生而来，在《牛津当代百科大辞典》中具有以下含义：①of the mind，与“bodily、physical”相对，译为“精神的、心理的”；②done by the mind（使用脑力的）；③relating to or occurring in the mind（智力的、智能的），与“manual”（relating to the hand，译为手工的、体力的、操作的）相对应；④relating to disorders or illnesses of the mind（精神病的、疯的）。“mind”起源于古英语“gemynd”，本义是记忆和思考的能力，源自日耳曼语族，《牛津英语词源词典》就将memory作为mind的词源，认为它是人的一种心智能力[1]。《牛津当代百科大辞典》和《牛津简明英语辞典》对它的解释主要有：the faculty of consciousness and thought（有认识、思考等功能的心、精神），与body相对，譬如A sound mind in a sound body（健全的精神寓于健全的身体）；a person's ability to think and reason; intellect（智力、悟性、头脑）；memory（记忆、回想）等。“soul”一词的古英语为sáwol、sāw(e)l，源自日耳曼语，根据《牛津简明英语辞典》，它主要有三个方面的含义：一是the spiritual or immaterial part of a person, regarded as immortal（人的精神性、或非物质性的部分被认为是不朽的），与flesh相对，译为“灵魂”“精神”；二是emotional or intellectual energy or intensity（热情、热诚、气魄）；三是a person regarded as the embodiment of a quality（化身、典范）。“psyche”一词源于拉丁语psŷché、希腊语psūkhē（古希腊语为ψυχ），是呼吸、灵魂、生活之义，“psyche”指人的灵魂、精神、心灵。西方人讲精神时，一般用

[1] HOAD T F. 牛津英语词源词典 [M]. 上海：上海外语教育出版社，2000:312.

“spirit”，其词源来自拉丁语spīritus（本义为轻微的吹动、轻薄的空气），其最初起源于spīrāre(呼吸）后发展为古法语的esprit，经由盎格鲁诺尔曼语进入中古英语[1]，其含义较为丰富，主要有以下几个方面释义：一是哲学术语，与“物质”相对应的“精神”；二是与“肉体”相区别的心灵、精神、魂魄；三是（人类的）精力、生命力的根源；四是（脱离躯体的）灵魂，译为幽灵、鬼魂；五是活力（vigor）、勇气（courage）、气概、气魄（energy）；六是事物的特点（the prevailing or typical quality or mood）、实质的含义或宗旨（real meaning）等。总体而言，在不同情况下，这些词都可以翻译为精神，但各有千秋、各有侧重。mental（智力的、脑力的、精神的）侧重相对于身体或生理而言，如“Sometimes it is good to do hard manual labour, such as housework,when you are exhausted mentally”，这里的“mental”与“manual（手工的、体力的）”相对。psyche主要用于心理学范畴，主要指人格，指涉人的认识、情感与意志的统一。mind与spirit在许多情况下互为补充，如黑格尔的《精神现象学》（*PhäNomenologie Des Geistes*）就被英译为“Phenomenology of mind”和“Phenomenology of spirit”两种版本。从上文可以发现，mind在词源上看指的是记忆与思考的能力，更多是相对于身体的，一种强调人思考与认识功能的“精神”，而与其相比spirit更多指涉相对于物质或超然于客观物质之上的“精神”。在哲学上spirit使用更为普遍，它通常指涉三个方面：“与物质（matter）相对的精神；涉及神秘的、与宗教相关的事物；内心世界自我意识的探索以及内心感受与情感的培养。”[2]

这些语词，不仅是一种称呼与表达，更是一种文化的活化石，其中更蕴含着更深层次的思考。通过对希腊语、俄语、法语、德语以及英语中“精神”词源的考察，我们可以发现，首先，它们反映了“精神”一词的最原始最基本的含义：一是与流动的空气有关，是生命之息；二是与火、火焰有关，是生命之火。希腊语、俄语、法语等赋予精神的名称大都与风、呼

[1] PARTRIDGE E.Origins: A Short Etymological Dictionary of Mordern English[M].London and New York: Taylor & Francis Group,2006:3178.

[2] WHITE A.Spirituality and Education[M].London and New York: Taylor & Francis Group,2000:8-9.

吸等流动的空气有关；而德语中的“Geist”也被看作“火、火焰、大火、燃烧”，正如海德格尔不但如是发问：“Doch was ist der Geist?”（精神是什么？），更回答道：“Der Geist ist das Flammende……” “Der Geist ist Flamme”[1]（精神是火焰）。其次，精神是属于人的，是人类特有的生命现象，不论是脱离躯体的、不朽的“灵魂”，还是非物质性的智力、理性等能力，都是与人息息相关的，是人类特有的。最后，对“精神”的认识一度带有神秘色彩，与宗教有关，但随着人们认识的不断深化，其含义也不断丰富、分化，更多地具有客观化、社会性的意思，更加倾向于对人的精神实质与人的心理的探讨与分析。

（二）汉语中的“精神”

汉语是单音节语言，与其他语言相比，具有非常鲜明的“单音节”性。这种极端的单音节性“造就了极为凝练的风格”“这种洗练风格的娴熟运用意味着词语选择上的炉火纯青”[2]。因此，古汉语中多是一字一词，字字锤炼，极为凝练却又韵味无穷。“精神”一词也不例外，其在汉语中最初是分开来用的，“精”与“神”各为一词，各表其义、各有所指。

古汉语中“精”字字形与今相仿，“从米从青”，字音与今有异：一作“青声”[3]；二作《广韵》《正韵》子盈切，《集韵》《韵会》咨盈切；三音晶[4]。许慎《说文解字》将其解释为“精，择也”，认为精乃挑选、提炼之意。清人段玉裁注：“精，择米也。择米谓择之米也。”[5]《论语·乡党》云“食不厌精，脍不厌细”；《庄子·人世间》中有“鼓策播精，足以食十人”；《楚辞·离骚》中有“这琼枝以为羞兮，精琼靡以为粻”。可见，从其字源上来看，精与米有关，其本义指的就是细选的、舂过的上等米、

[1] DERRIDA J. Of Spirit: Heidegger and the Question[M]//translated by Geoffrey Bennington and Rachel Bowlby.Chicago and London: The University of Chicago Press, 1991:83-84.

[2] 林语堂.中国人[M].郝志东，沈益洪，译.上海：学林出版社，1995:222-223.

[3] 许慎.说文解字[M].北京：中华书局，1978:147.

[4] 许慎.说文解字[M].北京：中华书局，1978:147.

[5] 许慎，段玉裁.说文解字注[M].上海：上海古籍出版社，1981:331.

精米，引申为最好的、“物之纯净无杂质者”[1]，即“精华”之意，如《周易·文言》中的“刚健中正，纯粹精也”，《淮南子·天文训》中的“火气之精者为日”。由此可见，“精”乃生成万物的或万物借以繁衍生息的精气、灵气，如《老子·德经·第五十五章》云“骨弱筋柔而握固，未知牝牡之合而朘作，精之至也”，《庄子·在宥》中说道：“吾欲取天地之精，以佐五谷，以养民人。”值得注意的是，“形精不亏，是谓能移。精而又精，反以相天”（《庄子·达生》），以及“上陇阪，陟高冈，游精宇宙，流目八纮”（《后汉书·冯衍传》）中的“精”都指“精神”，而“今太子闻光壮盛之时，不知吾精已消亡矣”（《战国策·燕策三》）中的“精”则指“精力”。在文言文中，常常单用“精”字，表达“精神”“精力”之意。

“神”字的古汉语音字形皆与今相仿，写法为“从示申”，字音为申声“食邻切”。许慎在《说文解字》中解释道“神，天神，引出万物者也”[2]，后人注解曰“申即引也。天主降气以感万物也，故言引出万物也”[3]，在他们看来“神”即天地万物的创造者、主宰，后也指人死后的灵魂、鬼魂。由此，“神”也用于表达事理玄妙，奇异莫测，如《周易·系词上》云“阴阳不测之谓神”，后人王弼注解云：“神也者，变化之极，妙万物而为言，不可形诘者也。”[4]文言文中常常独用“神”指人的意识、精神，如《荀子·天论》中的“天职既立，天功既成，形具而神生”，《庄子·达生》中的“孔子顾谓弟子曰：‘用志不分，乃凝于神’”等。

虽然基于汉语的单音节性，“精”“神”二字分开用也可表示精神之义，然而早在战国时期的典籍中已经有“精”“神”连用的现象。因古代典籍大多无法确定成书时间，又多为后人辑佚，对于二者连用最早出于何处看法略有不同：有学者认为二者连为一词始现于《庄子》，其在全书出现

[1]　商务印书馆编辑部．辞源 [M]．北京：商务印书馆，1998:2388.
[2]　许慎．说文解字 [M]．北京：中华书局，1978.
[3]　张玉书，陈廷敬，等．康熙字典 [M]．上海：汉语大词典出版社，2002:802.
[4]　商务印书馆编辑部．辞源 [M]．北京：商务印书馆，1998:2269.

逾6次[1]，也有学者提出第一次明确将二者连用的是《管子·内业》[2]。但从《管子》《庄子》《黄帝内经》《韩非子》等著作中已较多使用“精神”一词可以推知“精”“神”二字连用最早发端于春秋时期。自战国后期起，二者连用在典籍之中已较为多见，含义也丰富多样。其一，“精神”谓之天地万物之精气。如《礼记·聘义》云“气如白虹，天也；精神见于山川，地也”，汉代郑玄注解曰“精神，亦谓精气也。虹，天气也。山川，地所以通气也”[3]；《庄子·刻意》也曾曰：“精神四达并流，无所不极，上际于天，下蟠于地，化育万物。”可见，“精神”同“精气”，乃万物形成之元气。其二，相对于人的形骸而言，“精神”引申为人的元神、精气，如《吕氏春秋集释》的“尽数”篇“圣人察阴阳之宜，辨万物之利以便生，故精神安乎形，而年寿得长焉”。其三，“精神”作神志、心神之义，进而可引申为人的意识、思维等活动。例如，楚宋玉在其《神女赋》序中说“精神恍惚，若有所喜，纷纷扰扰，未知何意”，其中的“精神”指人的心神；《史记·太史公自序第七十》“道家使人精神专一，动合无形，赡足万物”中的“精神”指人的意识。在此基础上，“精神”也可引申为精力、活力，神采、韵味之意，如“龙马精神海鹤姿”（李郢《上裴晋公》），“有梅无雪不精神，有雪无诗俗了人”（卢梅坡《雪梅·其二》）。

由上文可见，在古汉语中，“精”“神”既可分开来用，也可连为一词，它们或分或合，形式多样，含义丰富。总而言之，中国人很早便已经用“精”“神”以及“精气”“精爽”等词来表示精神、意识的概念。

随着汉语的不断发展，“精神”的意涵也在不断地扩充丰富。《辞海》（第六版）对“精神”的释义有以下五个方面：第一，哲学术语，指人之内心世界的现象，与“物质”相对应，与“意识”同义；第二，神志、心神；第三，精力、活力；第四，神采、韵味；第五，内容实质[4]。

[1] 燕国材.精神论——以心理学为视角[J]，上海师范大学学报：哲学社会科学版，2011（5）:5-16.
[2] 肖明，李培松.现代科学意识论[M].北京：经济科学出版社，1993:22.
[3] 郑玄，孔颖达.礼记正义[M].北京：北京大学出版社，1999:1670.
[4] 夏征农，陈至立.辞海[M].上海：上海辞书出版社，2009:1154.

从上述分析来看，汉语的“精神”沉淀着人们对世界原初的认知，祖先们将自然与自身相观照，根据风、火等自然现象以及呼吸等人类生理现象，将其体认为引出天地万物之“气”。随着历史的进步与社会的发展，“精神”融入了人们的价值判断，包含更多的思考。

通过中外词源分析不难发现，中西方语言中“精神”一词有着相似的起源，它们最原始最基本的含义都与“呼吸”“气”有关。这些相似之处清楚地显示了人类原始观念中对自身以及世界最为朴素的思考与认知，他们赋予“精神”以生命的象征，将“精神”与“物质”，与人的“形骸”相对，把气息、精神当作生命本身。随着人类实践活动的发展和意识水平的提高，人们给予“精神”更多的思考与关注，将其引入更深刻、更广阔的研究领域。

二、“精神”概念的历史解读

从上文词源学的考察不难发现，人们赋予“精神”的名称与内容绝不是一成不变的，对它的理解也非别无二致。随着认识的不断深化、扩展，人们对“精神”的认知也总是流变出不同的观念形态。无论在中国，还是在西方，“精神”进入研究视野均始于哲学对人类本质的探源关涉，精神不仅是哲学最基本、最中心的概念范畴，更是哲学发端、发展的基础，对精神及精神现象刨根问底更是哲学永无止境的追问，可以说“哲学是人类精神的反思”[1]。作为“世界上最丰富的东西”[2]，虽然人们始终未完全为“精神”揭秘，但是哲学对“精神”的解读可以说是最深刻的，也是最接近其本质的。历史上，所有关于“精神”概念的探索和解读，都是我们思考认识精神问题的重要资源与理论基础。

（一）西方哲学视野中的“精神”概念

在西方，早在古希腊时期哲学家们便将“精神”纳入自己的视域之内。基于生产力发展水平与思维认知水平的限制，尽管哲学家们已经认识到精神

[1] 维之．精神与自我现代观——精神哲学新体系 [M]. 北京：社会科学文献出版社，2004:6-7.

[2] 马克思，恩格斯．德意志意识形态 [M]. 中共中央马克思恩格斯列宁斯大林著作编译局，译．北京：人民出版社，1956:7.

不同于自然、物质的属性，但仍处于一种朴素的状态，很多情况下将精神与灵魂作为同一概念使用。这可以从其将精神与灵魂的概念赋予一个语词和其认识自然万物的观念中反映出来。在早期古希腊哲学家们看来自然和精神不是分离的，万物都是物体和灵魂的统一体，在哲学层次上他们把所有的物质想象成是有生命的，在他们看来，“不存在生命和精神的问题，因为一切事物都是有生命的，虽然程度不同，都注入了精神”[1]。古希腊哲学家中最初的“二元论者”——阿那克萨戈拉将一种不同于物质的精神（νοῦς，又被人称为“奴斯”）原理引入哲学，在他看来，“精神”（或心灵）是有别于物质的概念，其与物质全然是混合的不同，它最本质的特点是绝对单纯的，“不与任何事物相混杂，自身单独存在，是一切事物中最精致的和最纯粹的，具有对一切事物的完善知识和最强大的力量”[2]。这表明古希腊哲学家已经开始思考精神现象，并认为精神（νοῦς）是支配物质活动决定物质存在的精神本原。著名原子论哲学家德谟克利认为灵魂是一种特殊的原子，认为它“和理性是同一样的东西，是由最根本的、不可分的物体形成的，它由于它的精致和它的形状，是能动的”[3]，精神产生于灵魂，且只有当灵魂与肉体的结合处于平衡状态时，才能发挥出意识这种特殊的能力。这表明古希腊哲学中已经出现意识是人特有之属性以及精神与肉体相统一的思想萌芽。最早明确把灵魂当作与物质具有本质区别的精神实体的便是苏格拉底，他认为关心自己的灵魂是人类最重要的问题。到了柏拉图那里，“‘奴斯’与精神基本同一了”[4]，作为西方唯心主义哲学师祖之一的柏拉图认为精神是一种超理性的世界的本原，精神与物质是二元的，以精神为理念，精神是关系到永恒的、不变的东西，而物质是变化的东西。亚里士多德的“灵魂（ψυχή）”，“综合物身而言，同于‘生命’，相对或配合物身而言，同于‘精神’，也就是

[1] 爱德华·E. 策勒尔 . 古希腊哲学史纲 [M]. 翁绍军，译 . 济南：山东人民出版社，1996:26.

[2] 爱德华·E. 策勒尔 . 古希腊哲学史纲 [M]. 翁绍军，译 . 济南：山东人民出版社，1996:66.

[3] 北京大学哲学系外国哲学史教研室 . 古希腊罗马哲学 [M]. 北京：生活·读书·新知三联书店，1957:103.

[4] 王坤庆 . 精神与教育——一种教育哲学视角的当代教育反思与建构 [M]. 武汉：华中师范大学出版社，2009:33.

‘精神’”[1]，精神是生命之本体，在他看来凡具备生命之物，便各有“精神”。他在其《灵魂论》中不仅论述了人的灵魂，还把包括植物、动物等在内的整个生物界纳入研究范围，可谓形成了生物界的一个三级精神体系：一切生物所统备的，操持生长与繁殖功能的是“营养灵魂”，也称植物灵魂；一切动物所统备的，操持动物的感觉与运动功能的是“感觉灵魂”，即动物灵魂；而人类所独有的精神灵魂，即理知灵魂或思想灵魂，在他看来是使人提高到动物之上的精神，就是依靠理性或自我意识与动物灵魂相结合。

到了现代，“精神”在许多哲学家那里与思维、心灵、理性等成为同义语，成为哲学研究的中心命题，“以至于将人等同于精神”，在他们看来，研究人的本质就是研究精神，回答人的精神本质，“精神是人的本质”[2]。“灵魂”在唯心主义者如笛卡儿那里被看作精神性的实体，人是肉体的机器，他认为精神和物质是上帝创造的两种不同的实体，是完全对立的，意识是精神的根本特性，“人的灵魂蕴藏在松果腺内，在这里灵魂与‘生命精气’发生接触，通过这种接触，灵魂和肉体之间发生相互作用”[3]。法国唯物主义哲学家爱尔维修（又译“赫尔维修”）1758年在荷兰出版的《精神论》（*De 1' esprit*）是较早的专门以精神为论旨的哲学著作，全书分“精神的自体”“与社会相关的精神”“精神是自然禀性抑教育结果”“给予精神的各种名称”四个章节对精神做了精彩的论述。在爱尔维修那里，“精神”一词的全部含义“是与人的心和热情的认识联系得非常紧密的”[4]。“精神”在爱尔维修那里至少包含了以下几层含义。首先，“精神”是客观存在的，精神产生的本原是身体感觉。爱尔维修认为，精神一方面可以当作“我们的思维的生产的能力看待，在这个意义之下，精神只是感觉和记忆”；另一方面它可以看作思想能力自身的结果，“精神只是许多思维的集合”[5]。在这里，他指出了精神是人对客观事物的认识，它既是人类思维、感觉、记忆等意识活

[1] 亚里士多德．灵魂论及其他[M]．吴寿彭，译．北京：商务印书馆，2009:5.

[2] 王坤庆．精神与教育——一种教育哲学视角的当代教育反思与建构[M]．武汉：华中师范大学出版社，2009:33.

[3] 罗素．西方哲学史：下卷[M]．马元德，译．北京：商务印书馆，1982:83.

[4] 爱尔维修．精神论[M]．杨伯恺，译．上海：辛垦书店，1933:43.

[5] 爱尔维修．精神论[M]．杨伯恺，译．上海：辛垦书店，1933:61.

动，又是感觉和记忆的结果，是思想的集合。其次，精神具有社会属性。爱尔维修认为，精神不只是单个人思维活动的结果，更是“于社会公众有关系的观念之或多或少的集合”，要认识“精神”必须将其放入社会关系之中加以评述，才能“认识精神殊为重要的这种观点”[1]。最后，精神乃教育之产物。在他看来，精神不是生而有之的，也不是恒有的，我们“并不是生下来就有全部精神”，而且我们“可以在活着的时候失去精神”[2]；而人与人之间精神的差异是由其身处的环境与所受教育决定的，他强调“人们所表现出的精神的巨大差异，是依存于他们所受教育和自己的愿欲的差异”[3]，教育是人的精神和德行发展非常重要的条件。

将“精神”作为重要范畴加以探讨研究，影响最大的莫过于德国哲学了。以谢林、舍勒、黑格尔、雅斯贝斯为代表的哲学家们，对“精神”进行了深入的分析，赋予其新的含义与特征。

作为德国古典哲学中思想跨度最大的哲学家，谢林始终将精神世界作为其哲学体系的重要部分加以探讨。他十分强调自然与精神、实在和观念的同一，将无意识的精神作为自然哲学的出发点，认为“事物本身同时以其在精神中的序列而变化和发生”。在他的研究视域中，自然是一个整体，人及其表现均是自然的一部分，精神不只是知识和认识的绝对根据，它还存在于自然和自我之中，“自然理应是有形的精神，而精神理应是无形的自然”[4]。在哲学史上，尽管对精神的认识还带有浓重的先验哲学的痕迹，但是通过“精神”概念的引入，谢林开启了认识自然和人类精神的可能性，并且在他那里，精神作为能动的、原生的直观，其作用和意义得到了很大提高。

现象学哲学家舍勒，是通过对人与动物的本质区别的分析提出“精神”这一中心概念的，它是“人的本质及人可以称作他的特殊地位的东西”[5]，是人的本质特征，是使人之为人的、与动物相区别的东西。在舍勒看来，就精

[1] 爱尔维修．精神论 [M]．杨伯恺，译．上海：辛垦书店，1933:65.

[2] 北京大学哲学系外国哲学史教研室．十八世纪法国哲学 [M]．北京：商务印书馆，1963:493.

[3] 爱尔维修．精神论 [M]．杨伯恺，译．上海：辛垦书店，1933:142.

[4] 张慎．德国古典哲学 [M]// 叶秀山，王树人．西方哲学史（学术版）：第六卷．南京：江苏人民出版社，2005:349-350.

[5] 马克斯·舍勒．人在宇宙中的地位 [M]．李伯杰，译．贵阳：贵州人民出版社，2000:24.

神的本质而言，世界的本质所在是一个对象化的世界，精神是客体的纯然所在，“它的存在的无限制、自由”使人类生命超越冲动和本能，冲破环境的限制，从而使它具有对世界开放的特征。就其特征而言，精神具有事实性，“是由事物的具体存在本身规定的特性”[1]，可以从三个方面来理解：第一，精神由事物的内涵决定，它与受制于本能、冲动或有机状态的其他形式截然相反；第二，爱在一切精神活动中是最基本的，精神以爱的形式导向世界；第三，人的精神的根本特征是具有区别本质与此在的能力，它乃人的精神一切其他特征的基础。它不是普遍理性、逻辑框架或客观规律，而是与个人活动相关的，只存在于个体活动之中的特殊活动。舍勒将精神的中心称为位格，它依照个体化的行为构成每一个个体化的精神，他认为个人是精神活动的中心，每个人的精神是唯一的、独特的。

从某种意义上说，黑格尔倾其一生致力于对人类精神世界的研究。“精神”在黑格尔那里绝不是一个普通的概念术语，而是黑格尔的整个哲学体系，是精神哲学、精神现象学的关键核心，马克思就曾指出：“《精神现象学》是黑格尔哲学的真正诞生地和秘密。”[2]精神研究被黑格尔的全情投入和孜孜不倦的探索引入一个令人目眩的新高度。黑格尔曾开宗明义地指出：“关于精神的知识是最具体的，因而是最高和最难的”[3]，“精神”在他那里也是一个十分复杂的概念。可以尝试从以下几个方面来理解黑格尔的精神概念。第一，精神与实体。“精神”这一概念在《精神现象学》中被理解为对实体和主体的认识，在黑格尔看来，唯有精神的才是现实的，才是本质的或自在而存在的，他认为精神“首先只对我们而言或自在地是这个自在而自为的存在，它是精神的实体”[4]。然而，作为诸历史形态中逐步实现的“实体”，还不是“绝对精神”自身，还不是“理念本身，不是绝对理念，而是尚在被限制的必然性的形式里的理念”[5]，只有把经过改装的实体与自我意识相结合，使实体成为主体，把实体提高到绝对的必然性的形式，实现主体

[1] 马克斯·舍勒．人在宇宙中的地位[M]．李伯杰，译．贵阳：贵州人民出版社，2000:26-27.
[2] 马克思．黑格尔辩证法和哲学一般的批判[M]．贺麟，译．北京：人民出版社，1956:10.
[3] 黑格尔．精神哲学——哲学全书·第三部分[M]．杨祖陶，译．北京：人民出版社，2006:9.
[4] 黑格尔．精神现象学[M]．贺麟，王玖兴，译．北京：商务印书馆，2009:19.
[5] 黑格尔．小逻辑[M]．贺麟，译．北京：商务印书馆，1996:313.

与客体的统一，才是“绝对精神”。第二，精神与自我意识。黑格尔所说的“精神是自我”，它既是自我意识的对象又是自我意识的主体。自我就是自我意识，就是把自我本身与自我相对立，使自己成为自己的对象，它不仅存在于各种形式的对象中，也存在于有意识的感受之中和意识的关系之中。自我作为精神的观念性展开自身，并且在与自我活动相对立的材料的关系中表现出观念化。凭借自我的表象活动，精神把“事物移置其内在规定性范围内”；作为思维，自我是“具有普遍形态的、自为存在的、现实中自由的精神”；而当自我准确把握材料时，材料就“为自我的普遍性所毒化和理想化，而失去了它的孤立的、独立的持存并得到一种精神的定在”。当作为哲学的思维的精神，认识到事物共同原则的永恒理念是以何种确定的方式呈现自身时，它便完成了对事物的观念化。通过这种认识，“精神就使自己成为完满地把握住自己本身的现实的理念”[1]，因而也使得自身成为绝对精神。因此，在黑格尔看来，“从本质上讲，精神就是自我意识”[2]，使精神之为精神，并与众不同的根本规定性就在于精神的观念性。第三，从形式上看，精神的本质就是自由。在黑格尔看来，精神的本质是自由，是“自为存在着的、以自己本身为对象的现实了的概念”，它的自由“不单是一种在他物之外，而且是一种在他物之内争得的对于他物的不依赖性”。然而，这种自由，不是现实性的自由，不是直接存在于精神里的东西，不是自然产生的现成的东西，而是“通过精神活动正在生产着的东西”[3]。为实现精神现实或实在的自由，精神必须超出自身而进入他物，在人与人的关系之中，通过实践活动寻求自己的自由。因而，精神只有发展到既是主体又是实体，实现了主客体相统一的绝对精神时，只有在思想里，精神才能自我解放，真正达到这种自由。总体而言，在黑格尔看来，精神与自然不同，它是一个大写的“我”，即精神就是“自为”。黑格尔认为精神从来没有停止运动，它永远是在前进发展着的，它有三种形式：主观的、客观的以及绝对的精神。“主

[1] 黑格尔．精神哲学——哲学全书：第三部分[M]．杨祖陶，译．北京：人民出版社，2006:14-15.
[2] 威廉·魏施德．通向哲学的后楼梯[M]．李文潮，译．沈阳：辽宁教育出版社，1998:229.
[3] 黑格尔．精神哲学——哲学全书：第三部分[M]．杨祖陶，译．北京：人民出版社，2006:20-21.

观精神”即个人的精神，它研究的是从社会关系中抽象出来的个体，主要考察个人意识的辩证发展过程；而“客观精神”把自己表现在人类社会中，论及人际关系，是对社会意识、社会制度和历史的描述；“主观精神”和“客观精神”完全同一后达到最高的精神阶段，即“绝对精神”，它涉及艺术、宗教和哲学。在黑格尔看来，绝对精神的研究与作为“无限”的精神相关，即指从自我疏远回归自身的精神，只有“绝对精神”才是完全的、具体的真理。

在雅斯贝斯看来，人就是精神。在雅斯贝斯的哲学体系中，存在是无法感知的，永远没有尽头，永远没有封闭的无所不包者——“大全”。存在这个大全，从来不成为对象，而是向意识展现了一个“可能性的最大空间”，人们认识的一切存在物都因与这个空间有关系而获得深远的意义，事物在这个空间里显示自身，人们借此认识事物，感知其存在，但是事物“自身却并不是存在”[1]。雅斯贝斯将大全分为两个样式：一个叫作世界，即“存在自身在其中显现的那个大全”；另一个叫作一般意识，“即是我和即是我们的那个大全”。雅斯贝斯曾在其《生存哲学》的“存在论”中称：“它们（所有这些大全）全部的内在存在（immanenz），一方面是作为我自己的内在存在：实际存在或实存、一般意识、精神；另一方面是作为我的对象的内在存在：世界。”[2]“精神”在雅斯贝斯那里，便是作为我自己的、自我存在的大全的第三种形式，即“知性的思维、行动和情感的整体，即人的知、情、意三者合而为一的理念世界”[3]。他认为精神包括“凡意识所思维的东西和作为实存的那些现实的东西”两个方面，尽管它克服了一般意识和实存的片面性，但同时具有开放性和不完满性，作为自我存在的精神，还要从自觉的精神的实存向生存飞跃，从而达到超越存在。

（二）中国哲学经典对“精神”的解读

“精神”是一个古老的哲学范畴，早在先秦时代中国古代思想家们就开始了对“精神”的思考。纵观中国哲学发展史，对“精神”的探讨，先哲们

[1] 卡尔·雅斯贝斯．生存哲学[M]．王玖兴，译．上海：上海译文出版社，2005:4-5.

[2] 卡尔·雅斯贝斯．生存哲学[M]．王玖兴，译．上海：上海译文出版社，2005:7.

[3] 冯契，徐孝通．外国哲学大辞典[M]．上海：上海辞书出版社，2000:911.

更多是从整体上去把握其本质，很少着力概念内涵方面的挖掘。

“精神”作为中国古代哲学术语，就其本源而言，“精神”一词盖由精而神。精，作为重要的哲学范畴，本指精气，指气之精微、细微者。《管子·内业》云“凡物之精，此则为生。下生五谷，上为列星”，下文进一步说明“精也者，气之精者也”，这里言及之“精”乃万物化生之重要因素，在地上生成五谷，在天上聚合群星；“凡人之生，天出其精，地出其形，合此以为人”，在其看来，“精”是由天得来，“形”乃从地得来，精与形同一人才能生存，人心可以接纳精气，使心成为精舍，于是人才有智慧。因此，这里的“精者，其气凝成而物之资以定形之赋者”[1]，它乃生命与意识之本原，万物得精而生机勃勃，它在赋予人生命和意识的同时赋予人的形体，在其看来，人的精神作用就是接受了精气的结果。在老子看来“道之为物，惟恍惟惚。惚兮恍兮，其中有象；恍兮惚兮，其中有物。窈兮冥兮，其中有精。其精甚真，其中有信”（《老子·道德经·第二十一章》，“道”作为物，似有似无，但其中却真切地蕴含着“精”；此处的“精”与《管子·内业》“精，气之极也，精也者，气之精者也”的“精”意义相合[2]。又如，《庄子·达生》云“夫形全精复，与天为一”，《荀子·解蔽》云“耳目之欲接，则败其思；蚊虻之声闻，则挫其精”，这里或形精对举，或直言之所谓“精”都指精神。因而起初“与形对立的还不是神，而是精”[3]。

“神”，原指原始宗教所崇拜之产出万物之“神明”。在《黄帝内经·灵枢·本神》中，所谓之“神”乃阴阳两气即“两精相搏”产生的，是精气的活动。至战国时期，在文献中“神”与“形”对举，将“神”作为“精神”之简称，来指代人的精神作用。如《庄子·养生主》云“臣以神遇而不以目视，官知止而神欲行”，此处神与目相对，指精神、心神的活动；《庄子·天地》所说的“德全者形全，形全者神全。神全者，圣人之道”，《荀子·天论》记载的“形具而神生”，这里形神相对，所谓之神即人的精

[1] 管仲．管子校释 [M]. 长沙：岳麓书社，1996:396.
[2] 朱谦之．老子校释 [M]. 北京：中华书局，1963:57.
[3] 朱立文．中国哲学范畴发展史：天道篇 [M]. 北京：中国人民大学出版社，1988:662.

神、人的精神作用。在《黄帝内经》中，对精神及其物之生理基础进行了探讨，将精气理解为于经络中运行，藏于脏腑的“血气”，也把精神与“心意、志思、智虑”等词相对等，作为某种人的意识形态加以认知。

在《庄子·外篇》那里，“精神”作为完整概念出现，但其所谓之含义较为多变，时而指代蕴化天地万物之精气；时而谓之人的精神及心灵，如《天道》云“水静犹明，而况精神！”“须精神之运，心术之动，然后从之者也”；时而又把精神同人体隔离，认为所谓之“道”乃精神之主体，如其《天下》篇中所云“独与天地精神往来”。

西汉哲学著作《淮南子》出现了中国第一篇论述“精神”的专论——《淮南子·精神训》。汉代高绣注解其篇名曰“精者神之气，神者人之守也。本其原，说其意，故曰精神”，在这里可以发现，“精”或者“精气”已不再像《管子·内业》中所谓的“天出其精”“流于天地之间”，为天所独有，而是作为现实存在着的人的两个方面，而此篇就是专门探讨人的精神问题的。《淮南子·精神训》发展了道家的观点，从天地化生探讨了作为“类”的人的起源，将人置于广袤的天地时空之中加以认识，认为精神与形体各有其源——作为有精神有思想的人受之于天，而作为骨骼血肉之躯的人是得之于地的，天地相合人得之以成，正如其所言：“夫精神者，所受于天也，而形体者，所禀于地也。”此文对精神与形体的关系加以分析，指出“精神何能久驰骋而不既乎？是故血气者，人之华也；而五脏者，人之精也。……五脏能属于心而无乖，则教志胜而行不之僻矣。教志胜而行之不僻，则精神盛而气不散矣。……夫孔窍者，精神之户牖也；而气志者，五藏之使候也”，强调精神对“血气”的依赖，认为五脏动摇而不安定、血气动荡而不停息“则精神驰骋于外而不守矣”。《淮南子》将人之精神视为“气聚”的产物，认为它是由血气、五脏等组成的整个生命体发出的，所谓“气聚”即“人的自然生命和精神凝合成一个整体”[1]。东汉王充进一步论证了精神与形体的关系，在他看来精神依倚形体，认为形体与精神的关系就如同囊橐盛粟米以养，提出“人之精神藏于形体之内”，提出了“形朽神灭”的观点。

汉魏以降，经典著作中多以“神”作为“精神”的简名，南北朝唯物主

[1]　朱良志．中国艺术的生命精神 [M]. 合肥：安徽教育出版社，1995:105.

义思想家范缜克服前人将精神视为“精气”“血气”等特殊物质的缺陷，提出了“形质神用”“形神不能相异”的命题，认为精神和肉体是相互结合着的统一体，“形者神之质，神者形之用”，把精神看作肉体的一种作用，进而说明了“形谢神灭，理固宜然”的观点。

到宋明理学时期，陆王心学（陆九渊和王阳明心学流派）极力夸大精神的作用，认为“心”就是精神，强调“宇宙便是吾心，吾心即是宇宙”，认为精神就是宇宙的本原，把人的精神看作客观世界的现实存在。例如，《陆九渊集·卷三十五·语录下》云：“收拾精神，自作主宰。万物皆备于我，有何欠阙？”作为理学集大成者的朱熹也有一套自己的精神观：首先，他用魂魄、精气等概念对“精神”加以解释，认为“魄属形体，魂属精神”，“精”与“魄”相联系，魄是思维等生命活动的物质载体；而“魂”与“神”相联系，魂“会思量计度”，是人的思维等意识活动。其次，在精神与形体的关系上，朱熹提出“形既生矣，神发知矣”“既有形后，方有精神知觉”，认为精神依倚形体而生，二者是“无魂则魄不能以自存”的相互依存的关系。朱熹认为天地之间的精神性的“理”是世界的最高本原，而“气”只是物质性的具体材料，因而提出了“精神一到，何事不成”的观点。

概言之，中国古代哲学中更多是针对“形体”而言精神的，对“精神”的认识和研究显得较为朴素，且常带有较强的伦理色彩。到了近代，“精神”则更多是作为与“物质”相对的哲学范畴出现。孙中山在《军人的精神教育》中简单定义了精神：“然简括言之，第知凡非物质者，即为精神可矣。”[1]他强调要弄清楚“精神”到底为何，就必须从哲学上加以解释研究，他也正是从这一角度出发来阐发自己的精神观的：首先，在他看来世界万象归结起来不外乎物质和精神两个基本哲学范畴，“然总括宇宙现象，要不外物质与精神二者”。其次，他认为“精神虽为物质之对，然实相辅为用”，精神与物质是体用的关系，物质为体，精神为用，二者相辅相成，不可分离；最后，他强调精神为人所独有，“世界上仅有物质之体，而无精神之用者，必非人类”，精神是人类的特征，强调精神是人之为人的重要之处，

---

[1] 中山大学历史系孙中山研究室．孙中山文集：第6卷[M]．北京：中华书局，1985:12.

"我既为人，则当发扬我之精神"[1]。

从中西方哲学史中的代表性思想可以看出，精神本质之谜一直是中西方哲学共同致力研究的根本命题。人们对"精神"的认识经历了从神秘到朴素再到科学的过程，当前"精神"一词常用来表示人类的知识、情感、意志等的总体，其研究内容也越来越精进和科学。

三、"精神"的意涵

马克思曾在《第179号"科伦日报"社论》一文中说过"任何真正的哲学都是自己时代精神的精华"[2]，而恩格斯也在《路德维希·费尔巴哈和德国古典哲学的终结》中指出"思维与存在"亦即精神与物质的关系乃是全部哲学的基本问题。换言之，哲学知识就是"精神的实现、精神的自我认识"[3]，是精神的整个形态的概念，而精神必定是哲学的特定的内容。对精神的研究必然要从哲学的概括入手，或者说"哲学对'精神'的抽象表述是最接近'精神'概念的内核"的[4]，因此要把握"精神"真正的意蕴，就要从哲学的理性高度来进行认识与阐释。尽管马克思并未在语义学等方面对"精神"做严格的界定与回答，但他对精神、物质的本质、内涵以及两者关系的理解，比他之前及同时代的任何思想家都更深刻。作为人类思想史上伟大变革的、科学之科学的哲学体系，马克思主义哲学对"精神"的本质及内涵的研究是我们认识思考"精神"问题的重要基础和智慧资源。

在马克思主义哲学中，"精神""意识""思维""观念"等概念，相对于物质，是同义的范畴，并同时存在。马克思在《德意志意识形态》中就说过"思想、观念、意识的生产最初是直接与人们的物质活动，与人们的物质交往，与现实生活的语言交织在一起的。人们的想象、思维、精神交往在这里还是人们物质行动的直接产物""人还具有'意识'。但是这种意识并

[1] 孙中山．孙中山文集：第6卷[M]. 北京：中华书局，1985:12-13.

[2] 马克思，恩格斯．马克思恩格斯全集：第1卷[M]. 中共中央马克思恩格斯列宁斯大林著作编译局，译．北京：人民出版社，1956:121.

[3] 黑格尔．哲学史讲演录：第1卷[M]. 北京大学哲学系外国哲学史教研室，译．北京：生活·读书·新知三联书店，1956:57.

[4] 秦在东．社会主义精神质量：逻辑关联与价值转换[M]. 武汉：华中师范大学出版社，2010:11.

非一开始就是‘纯粹的’意识。‘精神’从一开始就很倒霉，注定要受到物质的‘纠缠’”[1]，这里的“精神”与“意识”等是同义概念，大多情况下可以替换使用，而且在其内涵与外延上都具有某种相似性。

我们可以从以下几个方面来理解“精神”的意蕴。

第一，精神是物质的最高产物，是人脑对客观世界的主观反映。从本体论上说，精神是物质行动的直接产物，“物质从自身中发展出了能思维的人脑”[2]，精神作为人脑对客观存在的反映是物质的最高产物。现代科学研究证明“人脑、感官和神经系统是结构严密、运动复杂的高级的物质形态，是精神的主要的本体、内容和基础”[3]，因此，人是精神的本体，精神活动是人脑特有的属性与机能，是大脑思维过程的产物。而且只有在人脑与客观存在发生联系的时候，只有在人们的社会实践交往中，才会产生精神。正如马克思所说的：“观念的东西不外是移入人脑并在人的头脑中改造过的物质的东西而已。”[4]可见，精神首先是一种思想形式，是一种意识形式，是一种观念的东西，不是客观实在，其形式是主观的。恩格斯则解释道：“外部世界对人的影响表现在人的头脑中，反映在人的头脑中，成为感觉、思想、动机、意志，总之，成为‘理想的意图’，并且以这种形态变成‘理想的力量’。”[5]因此，精神与思想、意志等同义，但又不是简单的等同，在这里“精神”具有更广泛的意义外延，感觉、思想、意志等都是精神的表现形式，都可以成为精神力量。作为人脑的机能，思维是过程，精神则是产物，是思维活动的结果，过程结束后就会消失，而产物则会以记忆等其他形式存在。

第二，精神是一种社会现象，是一种复合的意识形态。精神不仅是自然

[1] 马克思，恩格斯.德意志意识形态[M].中共中央马克思恩格斯列宁斯大林著作编译局，译.北京：人民出版社，2003:16-25.

[2] 马克思，恩格斯.马克思恩格斯全集：第20卷[M].中共中央马克思恩格斯列宁斯大林著作编译局，译.北京：人民出版社，1956:550.

[3] 刘剑文.世界观 人生观 价值观[M].青岛：中国海洋大学出版社，2006:164.

[4] 马克思，恩格斯.马克思恩格斯选集：第2卷[M].中共中央马克思恩格斯列宁斯大林著作编译局，译.北京：人民出版社，1995:112.

[5] 马克思，恩格斯.马克思恩格斯选集：第4卷[M].中共中央马克思恩格斯列宁斯大林著作编译局，译.北京：人民出版社，1995:232.

界长期发展之结果，更“一开始就是社会的产物”[1]，受社会物质资料生产活动及交换方式的制约，同人类的相互交往和语言的产生、发展紧密联系。精神存在于社会之中，每一个社会都有和它相适应的社会意识即精神，它是一切社会关系的反映，是同人和人类社会一同发展起来的，是一种人类特有的社会现象。精神常以社会形式存在，它不是个人的意识活动或心理现象，而是人们认识和改造世界过程中形成的社会意识的集合。社会的精神现象一经产生就具有相对独立性，对社会存在具有能动的反作用，因此“一个阶级是社会上占统治地位的物质力量，同时也是社会上占统治地位的精神力量。支配着物质生产资料的阶级，同时也支配着精神生产资料”[2]。

第三，精神属性是人的本质属性之一。马克思在《1844年经济学哲学手稿》中强调：“动物是和它的生命活动直接同一的。动物不把自己同自己的生命活动区别开来。它就是自己的生命活动。人则使自己的生命活动本身变成自己意志的和自己意识的对象。他具有有意识的生命活动……人证明自己是有意识的类存在物。”这就是说，人是具有“类”本质的存在物，人类的“精神”是人之为人和最终将人与一般动物区别开来的根本特点。因此，精神是人类所特有的生命现象，是人对自己生命活动的自觉意识，更是人的本质属性之一。人的存在不仅是自然的存在，更是精神的存在，“人是精神存在的宣言”[3]。

概括来讲，精神不是个体的心理状态和心理现象，它更多是心理学研究的对象，是与物质相对的哲学范畴，是人们认识和思维活动过程的结果，它存在于社会之中，来源于实际又是指导人类实践的一种行为态度、价值判断、人生观的强大力量源泉。

[1] 马克思，恩格斯．马克思恩格斯全集：第 1 卷 [M]. 中共中央马克思恩格斯列宁斯大林著作编译局，译．北京：人民出版社，1956:35.

[2] 马克思，恩格斯．马克思恩格斯全集：第 1 卷 [M]. 中共中央马克思恩格斯列宁斯大林著作编译局，译．北京：人民出版社，1956:551.

[3] 徐凤林．俄罗斯哲学的“精神世界”[J]. 社会科学辑刊，2006 (4):10-15.

第二节　体育精神的界定

作为独立完整的术语“体育精神”，出现的时间并不长，但是它绝不是体育发展突变的产物，而是与人的历史性存在以及体育发展高度一致的，它既是人类体育意识的积淀，又是体育发展的必然结果与产物。近代以来，中外专家学者们从不同研究立场，从不同领域跨学科、多角度地对体育精神进行了分析和探讨。对于“何谓体育精神”的问题，他们给出了不尽相同的回答，这些对体育精神的不同定义各有所长，都体现了具有相对合理性的理解，为我们认识体育精神提供了思想材料和智慧资源。

一、外国学者对体育精神的关注

在体育发展史上，早在古希腊时期，体育就受到了人们的推崇与热爱，身体锻炼对于古希腊人来说有着至关重要的意义。人体的完美是神的特征，身体越健美，精神也越能贴近神，古希腊人认为“娱乐神明最好的场面莫如展览娇艳俊美的肉体，表现健康和富有力量的肉体”[1]，可以说在古希腊“身体锻炼始终是首要的”[2]。体育作为教育的三大支柱，很早就成为古希腊人社会生活和精神生活的重要组成部分。古希腊时期，以苏格拉底、柏拉图、亚里士多德为代表的哲人们从身心关系问题出发将体育概念提升到了精神领域，从他们的体育观中我们可以发现对体育精神、体育精神价值及其教育问题认识的萌芽形式。苏格拉底认为，“不能表现出身体的力量和美是一种耻辱”[3]，保持体态美是古希腊城邦公民的义务和天职，体育是培养勇敢美德的途径和手段。柏拉图则认为体育具有道德意义，在他看来体育培养人的性格及品格，他强调一切形体美归纳起来就是让人产生精神美，“美好的躯体里比丑陋的躯体里孕育着更多的温情”，爱只能存在于完美的心灵及体育锻炼

[1]　丹纳．艺术哲学[M]．彭笑远，译．北京：北京大学出版社，2007:126.

[2]　瓦诺耶克．奥林匹克运动会的起源及古希腊罗马的体育运动[M]．徐家顺，译．天津：百花文艺出版社，2005:3.

[3]　全国体育学院教材委员会．体育史[M]．北京：人民体育出版社，2000:18.

培养出的理想身体里。他“抵制有害于体育的竞赛精神”[1]，主张将体育与文化并重以平衡教育方式，认为体育是健全精神和完善道德的重要途径。亚里士多德则是从人的均衡发展的角度来看待体育的，他认为人从出生到成长依次呈现出植物灵魂、动物灵魂和理性灵魂，他们分别对应体育、德育和智育三种教育，要使人的灵魂（精神）得到健康完善的发展，必须分阶段教育，而在儿童阶段要特别注重体育，它是基础，德育是最终目的，培养理性灵魂是最高目的。他强调“身体竞技之德”[2]，认为训练过度或不足都会减弱锻炼的效果，为了身体均衡发展，不能不顾代价地破纪录。在古希腊哲学家们眼中，体育绝不是单纯的身体锻炼，它与精神密不可分，从这里也可以看出他们对体育与精神的思考。虽然古希腊时期，体育精神还没有作为一个独立的研究命题和概念出现，但古希腊先哲们的智慧给我们认识体育精神留下了宝贵的精神财富。

之后经过漫长中世纪“肉体是精神的监狱”“强壮而活泼的身体只能有软弱而不起劲的精神”及骑士体育的积淀，再到文艺复兴恢复“古希腊体育精神”的强烈向往与对身体与精神相统一、均衡与协调发展的追求，进一步充实丰富了对体育精神的认识。17世纪中叶，随着近代体育的诞生，体育精神也随之凸显，特别是19世纪以后伴随体育国际化兴盛和发展起来的现代奥林匹克运动，不仅给人们带来了物质上的好处与享受，更让人们获得了精神上的满足，体育精神更加成熟。20世纪，生产水平的迅猛发展和社会生活方式的变革给体育精神注入了新的内容与活力。从古希腊到现在，体育精神慢慢地融入社会文化，成为体育深入骨髓的东西。或许正是因为体育精神成为人的“内在基因”，西方文献专著中很少直接给“体育精神”下定义，似乎它本身就是人们未言已明的东西。然而，在一些文献论述中，还是有对“体育精神”的简单论述，可以从中推知其对体育精神的简单界定。

（一）从道德品质方面说明体育精神

[1] 瓦诺耶克．奥林匹克运动会的起源及古希腊罗马的体育运动 [M]. 徐家顺，译．天津：百花文艺出版社，2005:24-32.

[2] 龙天启．体育哲学基础 [M]. 北京：北京体育学院出版社，1989:123.

现代奥林匹克运动之父顾拜旦很早就对体育精神做了相关论述。例如，“1900年，体育精神还只是下意识地存在于真正的运动员身上”“英国人曾让全世界信服的宽厚、公正和独立精神，他们曾垄断的这些体育精神，已经走到了尽头”“你们至少应该向体育精神的力量致敬吧？正是这种力量使运动员们承受住了某些观众怪异趣味的冲击”“我亲眼看见了他们以什么样的体育精神完成着这些繁重的工作”[1]。在顾拜旦看来，体育精神是人特别是运动员应具备的道德品质，骑士精神、竞争精神、尊重竞争对手等特别是骑士精神是体育精神的重要内容。他认为“只有参加竞赛的运动员们的‘体育精神’在道德品质方面达到一定的高度，圆满的成功才会实现”，并强调体育精神包括“光明磊落和骑士的无私精神”[2]。在《原生态的奥林匹克运动》一书中，塞莫斯·古里奥尼斯则更进一层，将体育精神提升为美德。在他看来，体育是一种教育，“意味着弘扬美德、提高素质、改善社会”；而体育精神是体育运动中“最纯粹、高尚的东西”和“美德永恒相连”，体育精神在克里特岛经过了几个世纪的孕育到了古希腊文明时期臻于完美，体育精神就是“古希腊文明孕育的‘文明竞技’”，它“将人类的行为推到了最高的道德层次”“将人们对胜利的追求从奸诈的竞争场所转移到了崇高的精神层面”[3]。

（二）从体育运动的实质看待体育精神

雅斯贝斯认为现代体育是“被组织的事业”，“被迫进入劳动机器”的人通过体育运动使“自我保存”的冲动得到了发挥的场所，它包含着“生命勇气上的升华”和“认真‘参加游戏’”的精神实质，人们希望通过体育运动来“表现自身、寻求精神解放”，但在现代生活中，通过体育运动并不能克服异化，并不能克服丧失自我的危险。从这个层面上讲，雅斯贝斯将体育精神看作体育运动实质性的内容之一，他的著名论述“体育运动不仅是游

[1] 皮埃尔·德·顾拜旦．奥林匹克回忆录[M]．刘汉全，译．北京：北京体育大学出版社，2007：56、92、188.

[2] 国际皮埃尔·德·顾拜旦委员会．奥林匹克主义——顾拜旦文选[M]．刘汉全，邹丽等，译．北京：人民体育出版社，2008:205-209.

[3] 塞莫斯·古里奥尼斯．原生态的奥林匹克运动[M]．沈建，译．上海：上海人民出版社，2008：36，123，89，148.

戏，不仅是纪录的创造，它同样也是一种升华，也是一种精神上的恢复”[1]常为体育精神研究者引用。

（三）从体育的内在价值阐释体育精神

在2015年的《世界反兴奋剂条例》中明确指出，“体育精神是人类精神、身体和思想的高扬，是体育价值的反映”，是体育运动的内在价值，是奥林匹克主义的本质，是发挥人类的自然禀赋以实现对完美的不懈追求。

（四）从对体制化教育的批判说明体育精神

影山健将“体育精神”创造性地界定为“托洛普斯（Trops）精神”，其中“Trops，就是对sport的反对，反方向”“是一种反专制、反专门化、反暴力的思想，Trops是对体制化教育的批判”。体育运动是谁都能取得快乐的运动，是大家共同创造的运动，是人和自然对话的运动。这个定义突出了对“体育精神”异化的强烈反思。他强调作为工具的现代体育对人的异化，认为在管理之下从事的体育运动是计时测量的活动，过度的管理使人的主体性和自律性丧失，而Trops精神的高扬，可以“重现新体育的光芒”。

由此可见，中外学者们十分重视和强调体育精神，但却很少明确分析阐述“究竟何为体育精神”，他们更多强调的是体育精神某一方面的内容。

二、近代中国学者对体育精神的关注

近代体育是西方文化下的原生性产物，“体育精神”是在近代体育发展的基础上不断凝练积淀而来的。我国由于体育发展的滞后，国人并没有明确体育精神的概念，就连“体育”这一术语也是西方的“舶来品”，中国对体育精神的关注是从20世纪才开始的。

受生产力水平与交换方式的限制以及中国面临“亡国灭种”的半封建半殖民地的特殊国情的影响，体育传入中国后就担负着“强民保种”的重任，加之中国法“自然”、重“养生”、修“私德”等传统文化的影响，这一时期还未有专门的体育精神研究，但学者们对体育及体育精神价值的深刻见解

[1] 卡尔·雅斯贝斯.时代的精神状况[M].王德顺，译.上海：上海译文出版社，2013:45-46.

为进一步研究夯实了理论基础。严复的《原强》将体育作为国民教育三大支柱之一，与德育、智育并提并犹重体育，强调“鼓民力”，认为国民之体力乃是国家富强之基础，在他看来“一身之内，形神相资；一群之中，力德相备”“形神相资，志气相动，有最胜之精神而后有最胜之智略。是以君子小人劳心劳力之事，均非气体强健者不为功”[1]，身体与精神同样重要，要有最胜之精神必要有强健之体魄。蔡锷认为“盖有坚壮不拔之体魄，而后能有百折不屈之精神”，而后才有“鬼神莫测之智略”，他立足“军国民教育”，从尚武保国方面强调教育之首要环节乃体育，体育是其他教育之基础，而正因体育繁盛，医学昌明，卫生适宜，欧洲人“无怪其魄力雄大，足以气吞五洲，力压他种而有余也”[2]。

其后以蔡元培、李大钊、毛泽东等为代表的革命家们更加注重身体与精神的均衡协调发展，强调体育之精神价值。蔡元培主张培养健全人格首要在于体育，强调体育振作学生精神之价值：他认为体育是最重要之事，健康之身体乃健全之精神的根本，身体柔弱，则思想精神不能发达，强调“非困苦其身体，则精神不能自由。然所谓困苦者，乃锻炼之谓”[3]；重视体育对精神道德发展的重要作用，主张修己为道德之本，体育为修己之本，最重要之事在于运动，运动乃“爽朗其精神者也”[4]；强调振奋学生精神乃体育之目的，认为“不过体育是要发达学生的身体，振作学生的精神，并不是只在赌赛跑跳，或开运动会博得名誉体面上头，其所以要比赛或开运动会，只是要引起研究体育的兴味”[5]。李大钊则认为人体的健全在保持身体与精神“平均的调剂的发展”，认为体育可以“恢复人体的健康、精神的畅旺”[6]。毛泽东1917年4月化名“二十八画生”发表的《体育之研究》是一篇十分珍贵的体育论文，针对国民体质衰弱和“体育之真义”模糊不清的状况，对身体与精神

[1] 王栻．严复集：第一册（上）[M]．北京：中华书局出版，1986:17，27-28.

[2] 曾业英．蔡松坡集 [M]．上海：上海人民出版社，1984:21-22.

[3] 高平叔．蔡元培教育论集 [M]．长沙：湖南教育出版社，1987:178.

[4] 高平叔．蔡元培全集：第 3 卷 [M]．北京：中华书局，1984:173.

[5] 高平叔．蔡元培全集：第 3 卷 [M]．北京：中华书局，1984:474.

[6] 成都体育学院体育史研究所．中国近代体育史资料 [M]．成都：四川教育出版社，1988:390.

的关系做了深刻的阐述，并强调体育“调感情”“强意志”，促进身心全面发展的价值。他认为身体是“载知识之车”“寓道德之舍”，体育对于国人教育是第一位的，“体强壮而后学问道德之进修勇而收效远”，更进一步提出了“欲文明其精神，先自野蛮其体魄；苟野蛮其体魄矣，则文明之精神随之”，体育之功效在于“强筋骨”“增知识”“调感情”“强意志”[1]。吴蕴瑞与袁敦礼在其《体育原理》中指出，体育运动是养成愉快乐观的健康精神状态的良方，是身体活动与精神活动的统一：“盖身体之活动同时即为精神之活动，而所谓精神之活动，无不含有身体之成分也。”[2]这些研究虽未明言“体育精神”，然而它们对体育促进精神发展的研究为后人对“体育精神”的论述提供了理论基础和思想准备。

伴随着体育运动的发展及研究的深入，学者们开始对“体育精神”予以关注，开始在著作或论文中提到“体育精神”这一概念。现在常为人们引用的一段话可算是较早论及体育精神的表述：“优胜者固然可敬，但那虽然落后而仍非跑至终点不止的竞技者，和见了这样竞技者而肃然不笑的看客，乃正是中国将来的脊梁。”[3]在这里，鲁迅先生针对中国人“不为最先，不耻最后”的明哲保身的观念及价值取向进行了无情批判，他强调比赛中锲而不舍、勇往直前的精神，正是体育精神在“重在参与”方面的体现。

在张伯苓的教育理论中，教育便是精神，中国教育中最缺乏体育，体育中必须注重体育道德，并提出“体德兼进”的理论。在他看来，运动精神即体育道德，并将这种道德修养和运动精神概括为“不以不正当的方式侵害对方”“不以虚诈的方式投机取巧”“运动员的品格，高于比赛胜负”“要有合作与公平精神”“维护国家的体面和尊严”[4]五个方面。因此，后人用“中国近代体育精神”的象征来评价这位中国近代体育革新运动的先行者。

梅贻琦十分重视体育，重视体育精神的培养。他十分反对将体育作为锻炼身体、磨炼意志、夺取奖牌、为国增光的手段的观点，认为“体育之目

[1] 毛泽东．体育之研究[M]．北京：人民体育出版社，1979:3-8

[2] 吴蕴瑞，袁敦礼．体育原理[M]．上海：勤奋书局，1933:151.

[3] 鲁迅．鲁迅全集：第3卷[M]．北京：人民文学出版社，2005:153.

[4] 梁吉生．张伯苓与南开大学[M]．太原：山西教育出版社，1995:65-66.

标，不单是造就几个跑多快、跳多高、臂腿多粗的选手，不单是要得若干的银盾、锦标，除此之外，也许可以说在此之上，还有发展全人格的一个目标”；他还强调“要以引起人人对于体育之兴趣为目的，其精神原不在一时比赛之胜负，以为荣辱……胜了固然可喜，败了亦可无愧，而对于敌方务取光明正直的态度，然后吾们可以提高球队的品格”“希望大家不把它看作只是比赛腿脚的事，应该亦把它作为吾们养练性格的机会，渐渐得到英美人所谓Sportsmanship。那才是我们学校里提倡运动比赛的最要目的”[1]。在梅贻琦看来，体育精神是“团体合作的精神”，也是“能各尽其可尽的能力，使本队精神有有效的表现”，同时是“运动家风范（Sportsmanship）”，但更为重要的是，体育精神可以“发展全人格”与“培养团体道德”。

著名社会学学者费孝通在《清华人的一代风骚》一文中指出，体育精神就是生活中和工作中的优良“竞赛作风、态度及精神”，就是“英文中的Sportsmanship和Teamwork”。在他看来“Spotsmanship是竞赛道德，是从球员如何对待对手来说的”“Teamwork则是从球队内部队员之间的关系来说的”[2]，通过体育运动实践以健全和发展这两种基本精神乃教育活动的目的。

由此可见，一方面，我国专家学者自20世纪初便开始了对“体育精神”的探讨，基于特殊的时代背景条件，不少人在探讨体育精神时都围绕着“救亡图存”“强国保种”的特殊目的；另一方面，尽管学者们已经涉猎“体育精神”的本质及内涵，但更多侧重于某些方面，并未对体育精神进行明确的界定，但是，这些有益的思考与探讨对于全面把握体育精神的内涵大有裨益。

三、体育精神概念的界定

当前，体育精神已经成为许多研究领域颇为关注的命题，不同领域的研究者们侧重于不同的关注点，立足不同的研究立场和方法，对体育精神进行了不同的界定，大概可以归纳为以下几种。

---

[1] 刘述礼，黄延复．梅贻琦教育论著选 [M]. 北京：人民教育出版社，1993:8，12，29.

[2] 费孝通．清华人的一代风骚 [J]. 读书，1991（11）:3-13.

第一种是从精神文明角度，将体育精神看作“社会主义精神文明的重要组成部分，又是独具特色的子系统”[1]。这种观点从精神文明角度出发认为体育既是娱乐性的社会现象，又是关涉个人身体健康的社会活动，更是人类社会精神文明发展的重要体现，因而体育精神是精神文明“百花园中一株瑰丽的玫瑰”。

第二种是从文化意识和社会意识角度出发，认为体育精神是一种文化意识或者社会意识。学者王文平较早提出了这种观点，他认为“体育精神是一种文化意识和社会意识，是通过体育运动而形成并集中体现出人类的力量智慧和进取心理的意识总和，是体育运动的最高产物；最大限度地激发人的潜能以争取精神世界的健康自由的心理状态”[2]。之后钟秋的《论体育精神的教育价值》[3]，曾红卒的《论高校体育教学中体育精神教育的作用与价值》[4]，赵元吉、吴兆红、王凌云的《现代学校体育：体育精神的培养与健康教育的弘扬并行不悖》[5]以及李可兴、黄晓丽的《高校体育精神的特质与培育》[6]等许多文章都沿用了这一定义。学者吴亚东在其《试论现代城市体育精神》一文中指出体育精神是“一种深层次的社会意识，一种特殊的体育行为方式”[7]，并以此为基础对城市体育精神进行了阐释。

第三种是从价值取向方面阐述体育精神。从这一视角出发，一些学者将体育精神界定为“体育运动所蕴含的对社会和人的发展具有积极影响作用的、有价值的知识、思想和意识”[8]；一些学者则认为体育精神是“行为准则”“价值观念或价值规范”“价值体系”“行为规范”“对人的发展有意义的价值观念”等；也有学者提出“体育精神即指隐藏于体育参与人内心深

---

[1] 刘永平．试论体育精神文明的特点和发展规律 [J]. 西安体育学院学报，1984（2）:6-9.
[2] 王文平．体育精神的培养与大学生精神文明建设 [J]. 南昌高专学报，1997（4）:29-32.
[3] 钟秋．论体育精神的教育价值 [J]. 体育文化导刊，2002（3）:16-17.
[4] 曾红卒．论高校体育教学中体育精神教育的作用与价值 [J]. 体育文化导刊，2005（10）:50-51.
[5] 赵元吉，吴兆红，王凌云．现代学校体育：体育精神的培养与健康教育的弘扬并行不悖 [J]. 首都体育学院学报，2005（1）:47-49.
[6] 李可兴，黄晓丽．高校体育精神的特质与培育 [J]. 北京体育大学学报，2006（9）:1196-1197.
[7] 吴亚东．试论现代城市体育精神 [J]. 体育与科学，2005（2）:29-32.
[8] 王新华，刘波．对我国体育教学与人格精神教育的思考 [J]. 体育科学，2004（1）:59-64.

处的价值判断、意识追求等思维、观念和心态，承载体育参与者终极关注的精神支柱”[1]的观点。

第四种是从道德伦理角度出发，认为体育精神是道德品质、伦理认同。符谦在《体育课程中的体育文化教育与体育精神培养》[2]中认为体育精神即体育运动中具有积极向上意义的能为社会观念所接受的人类崇高的精神和道德品质；《追寻竞技正义》则明确指出“体育精神是美德，是体育道德的重要成分……浸润着重要的伦理品质”[3]；宁雷与纪长久则将体育精神定义为一种特殊伦理文化现象，一种国际化的伦理认同[4]。

第五种可以称为“心理状态说”。有学者采用了从词典中“意识”的定义直接化生体育精神概念的方法，将体育精神界定为体育运动中的意识、思想活动和一般心理状态；也有学者认为体育精神“是人们共同制定、共同遵守、共同寻找的体育心态”[5]。

第六种是从精神的内涵出发综合考量体育精神的概念，也是当前较为流行的并被多数学者认可的界定方法。具有代表性的界定主要有：闵健在《论校园体育精神的特质与价值向度》[6]中将体育精神阐释为行为准则、价值观念和意识的总和；《体育基本理论教程》一书认为“体育既是一种客观物质存在，也是一种精神的存在”，体育精神既是一种“具有能动作用的意识”，又是体育行为动力的“一种心理资源”，也是“一种社会规范力量”[7]。学者杨晓捷则提出体育精神是“体育运动本质的、内在的、核心的实质内容，是人的思维、意识、观念在体育运动中的反映”[8]的观点。

从上述表述中可以看出了学者们对体育精神的界定各有侧重，各有不同。

---

[1] 王清芳，李成蹊，胥万兵．论体育精神对构建和谐社会的意义[J]．成都体育学院学报，2007（6）:11-14.

[2] 符谦．体育课程中的体育文化教育与体育精神培养[J]．沈阳体育学院学报，2007（2）:13-15.

[3] 杨其虎．追寻竞技正义：竞技体育伦理批判[D]．广州：中南大学，2012.

[4] 宁雷，纪长久．体育人文力探讨[J]．体育与科学，2005（1）:50-52.

[5] 宋继新．寻觅体育的“类”文明——论公共体育精神[J]．体育文化导刊，2005（8）:20-21.

[6] 闵健．论校园体育精神的特质与价值向度[J]．西安体育学院学报，2002（1）:22-24.

[7] 周西宽．体育基本理论教程[M]．北京：人民体育出版社，2007:51.

[8] 杨晓捷．体育精神——校园文化的旗帜[J]．江苏高教，2004（6）:111-113.

在分析体育精神发展历程，总结中外智者思想资料的基础上，我们将体育精神做了如下界定：体育精神是体育活动中体现的人的行为价值观、态度、意志品质以及思想意识的总和，是体育活动的最高产物，是体育活动的灵魂，是体育发展过程中的精微的内在动力，也是对人们进行体育教育的基础。体育精神是一个复合概念，从本质上看，是一种精神，具有精神的基本特点，是社会意识形态的重要组成部分；从类别归属上看，是一种教育精神，具有教育精神的一般特点，是体育教育的核心要旨，更是其终极价值理想；从领域划分上看，是体育领域内的精神，具有特殊规定性。体育精神与体育活动密不可分，体育精神支撑着体育活动，影响着体育领域的健康发展。体育精神是一种社会性、历史性的存在，随着人类体育活动和认识的拓展而发展，并在这一历史过程中不断积淀、丰富和完善。

第三章 体育精神历史溯源

人的身体和精神的发展不可避免地是由生产力发展的历史决定的。[1]

——马克思

取得成功的关键，只能是体力与精神融为一体。[2]

——皮埃尔·德·顾拜旦

体育是人类社会生活的重要组成部分，是以运动为基本手段的一种特殊的人类社会实践活动。作为人类特有的社会现象，体育是一种社会性、历史性的存在，与人类社会生活密切联系，它伴随着社会生产与生活的需要而产生，受社会生产方式与交换方式的制约。体育精神不是自然存在的、凭空而生的，它是人类体育活动的产物，是一个历史性的社会存在。体育精神的发展是一个动态的历史过程，其产生是以体育运动的出现为前提的，伴随着人类体育活动的扩展和认识的加深而不断发展、丰富。因此，在探讨体育精神的孕育与发展时，必须将其置于人类文明发展的历史长河中。作为人类自然力量最直接、最集中的体现，体育的产生与发展始终与整个人类文明发展交织在一起，记录了人类自身发展的历史进程。伴随体育发展而不断凝练、升华的体育精神，在根植于这一历史过程不断扬弃、积淀、丰富的同时，推动着人类体育事业、人类文明的前行。

古语云："察往以知来"，要深刻理解体育精神的实质，知晓体育文

[1] 马克思，恩格斯．马克思恩格斯论教育[M]．北京：人民教育出版社，1958:24.

[2] 国际皮埃尔·德·顾拜旦委员会．奥林匹克主义——顾拜旦文选[M]．刘汉全，邹丽，等，译．北京：人民体育出版社，2008:109.

化的趋势，就不得不研究梳理它的来龙去脉。像所有的人类文明样式一样，不同的自然环境和生产力水平使体育及体育精神也表现出不同的地域文化特色，而随着人类交往的不断扩大，伴随着体育现代化、世界化进程，体育精神也在冲突与融合中不断充实与完善。下文我们将通过中西方历史的梳理，追溯中西方体育精神之本源，梳理中西方体育精神发展脉络，分析中西方传统体育精神之异同，从中探寻体育精神“因何而起”“因何而变”。

第一节 西方体育精神溯源

早在古希腊时期，体育就已经成为教育体系三大支柱中重要的一支，它与科学、艺术一起形成合力将古希腊文明推向了顶峰。也从那时起，西方体育运动初具体系。随着生产方式的变革与社会生活的变迁，在与人类文化双向互动的发展过程中，现代体育于西方萌生并不断走向繁荣。在西方体育历史发展中产生的体育精神，可以说是西方文化原生性产物，是在体育发展演绎过程中经过长期历史积淀，不断丰富和发展起来的。西方对体育精神的发展与弘扬有值得我们吸收与借鉴之处，对其的梳理也有助于我们进一步澄清体育精神的实质。

一、古希腊体育精神溯源

孕育了欧洲最古老的文明的希腊半岛，创造了一个具有独特魅力的精神与智慧的世界，在那里所创造出来的体育对后世有着广泛而深远的影响：首先，当前全世界流传的，诸如赛跑、投枪、掷铁饼等许多运动项目都萌生于古希腊；其次，奥林匹克这一世界性的文化形式是从古希腊文化中孕育与发展而来的；再次，古希腊所产生的体育思想直到现在仍具有深刻影响；最后，古希腊的体育词汇已经被普遍接受，成为世界各民族的通用体育术语。可以这么说，现代体育的繁荣与发展，在一定程度上得益于古希腊的体育成就。当前所弘扬的体育精神，在某些方面与古希腊体育精神是一脉相承的。

正如伊迪丝·汉密尔顿所说“西方精神、现代精神是希腊人发现的”[1]，对古希腊体育及其精神的探寻对我们理解体育精神大有裨益。

（一）古希腊体育精神形成的基础

体育精神的孕育与形成，离不开体育活动的产生及发展。体育活动是社会生产发展到一定阶段的产物。脱胎于社会文化与社会活动之中的体育，不免会受到当时的自然环境、社会文化及生产力发展状况等因素的影响与制约。

1. 自然、经济基础

体育活动离不开赖以生存的自然条件。自然条件是人们进行物质生产与创造的基础，它一方面通过社会生产与经济状况间接影响文化的形成与发展，另一方面对特定民族的思想观念和心理状态具有直接的影响。

据史料记载，古希腊区域的半岛多为海岛，各岛之间一衣带水，仅为极窄的海峡所隔，各地之间海路交通极为便利。作为古希腊主体部分的希腊半岛位于地中海的东部，东临爱琴海，西接爱奥尼亚海，群山环拱、山脉纵横是其中心地带地形地貌的特点。希腊半岛大多属于山地，没有广袤的平原；以“地中海”气候为主，夏季炎热干燥，冬季寒冷潮湿[2]。有限的耕地资源，不利的气候条件，致使希腊半岛农业发展十分有限。土地生产能力有限与人口过剩，迫使古希腊人不得不求助于航海，远赴异国求取所需物品，寻找市场以销售过剩之制造品。这种特殊的自然环境制约了古希腊的生产方式和生活方式，致使古希腊人在农业难以自足的情况下借助于商业、工业和向外殖民扩张来缓解生产及生活资料匮乏的状况。因此，古希腊多半岛和岛屿的地理环境，形成了一种特殊的“海洋文明”，这决定了其主要物质生产及交换方式是渔业而不是农业。

以航海业、商业为主的生产方式对古希腊人的思想观念与民族精神特征

---

[1] 伊迪丝·汉密尔顿.希腊方式——通向西方文明的源流[M].徐齐平，译.杭州：浙江人民出版社，1988:4.

[2] 保罗·卡特里奇.剑桥插图古希腊史[M].郭小凌，张峻，叶杨斌，等，译.济南：山东画报出版社，2005:26-27.

也产生了直接影响：第一，在远赴异国的航海行进中，随时会遭遇风暴、雷雨、巨浪等，人们只有不断与风雨搏斗，坚持不懈才能最终迎来海面平静的时刻，在这个过程中，古希腊人养成了不畏惧风雨、拼搏进取的精神，形成了崇尚和高扬人的生命力、不断征服自然的观念；第二，等价交换是商业活动得以顺利进行的基本原则，首先是交换双方都具有平等的交换权，其次是双方在交换时都觉得偿付的与收获的是等价的，最后是在这种等价交换过程中买卖双方都是交换者，角色一致地位一样，这种以等价交换为主的生产交换方式塑造了人们追求平等的精神；第三，本土能力有限生产与人口密集过剩，迫使古希腊人不得不寻求对外扩张以谋求所需之物品，到新区域建立殖民地，这种自然环境以及商业殖民活动决定了须以竞争谋生存，从而在古希腊发展为一种普遍的“竞争文化”[1]。正是受遨游在广阔无垠的地中海以及广泛的海上商业活动的影响，古希腊人形成了崇尚力量、视野开阔、心性豁达、崇尚壮丽、鼓励竞争的文化心理特征，这种文化独特性也使奥林匹克这种体育活动形式得以在古希腊孕育发展，并具有崇尚力量，发扬人的自然生命力，追求人体强壮与健美，参与竞争，在竞争中追求胜利、赢得荣誉等精神特质，奠定了西方体育精神的最初特质。

2. 社会文化基石

体育精神是历史文化河流中的一支，其成长除了自然条件外还有社会土壤，这种社会土壤既包括社会经济水平又包括社会制度状况。

古希腊文化之所以发达的社会条件之一便是它是在铁器时代进入人类文明社会的。古典时期的希腊，多地的铁矿资源就已经被普遍地开采了，铸铁技术也得到了相对发展。随着古希腊手工业分工以及商业、航海业的发展，铸铁技艺不断精湛，古希腊作为交换媒介的货币与度量衡制也在此时期开始出现。货币与度量衡制的出现进一步加速了商品货币关系的发展，商品交换进一步扩大，随之财产不平等的现象加剧，继而引起了生产关系的变化。负债使得多数的农民失掉了土地，而他们及其妻子儿女“事实上都成为富人的奴隶”[2]，物质生产资料日益集中到贵族手中，逐渐分化成了特殊的职业商人

[1]　董小燕．西方文明：精神与制度的变迁 [M]. 上海：学林出版社，2003:6.
[2]　亚里士多德．雅典政制 [M]. 日知，力野，译．北京：商务印书馆，1999:4.

阶层。不断加速的阶级分化、日益扩大的贵族权力使社会各阶层之间的矛盾斗争日益尖锐，加速了古希腊氏族制度的瓦解，在此基础上希腊的古典城邦一个个建立起来了[1]。在这种较高生产力的推动下，古希腊传统社会秩序加速瓦解，有别于东方社会，在这种劳动分工、阶级分化、商品经济发展基础上形成的城邦基本上肃清了以血缘关系为纽带的氏族制度，成为希腊公民即自由民们自由、独立意识成长的基础。

促使古希腊文化发达的另一个社会条件便是城邦制度的普遍建立。在古希腊每个城邦“就是一个团结公民的公社”[2]，城邦居民享有神圣的公民权，城邦不能脱离公民集体实行统治，其政治制度“一定寄托于‘公民团体’”，他们必须保护公民权并与公民分享政权，这种“公民团体实际上就是城邦制度”[3]。因而，“公民集体治权”被古希腊思想家们称为“城邦的精髓”[4]。尽管古希腊的民主乃奴隶制度下的民主，享有公民权的只是“全权公民”即父母皆是城邦的公民，但是这种少见的自由民主环境促使古希腊人更多地张扬个性、解放思想、开发精神潜能，为古代奥运会的产生奠定了“最根本的思想基础”；公民集体治权下培养的平等、民主、法制规则意识则为“体育竞赛的开展和继续奠定了伦理支撑”[5]，为形成以人本精神、参与精神、竞争精神等为内核的体育精神奠定了良好物质基础和制度保障。受城邦制度的影响，古希腊在各个文化领域都体现了广泛性，充斥着浓厚的人文气息与现实生活色彩：在古希腊任何城邦公民都可参加体育竞赛，在体育活动与竞赛中也充斥着城邦公民的平等、自由与参与的人文精神观念；古希腊人崇尚人的力量与智慧，在他们眼里只有兼有健美活泼的身体和敏锐坚韧的思想意志的人才是真正的人。因而，古希腊的奥林匹克运动会不仅是全希腊的运动盛会，更是城邦和平（以神圣休战为代表）的文化交流的方式。

---

[1] 李天祜．古代希腊史 [M]. 兰州：兰州大学出版社，1991:73-80.

[2] B.C. 塞尔格叶夫．古希腊史 [M]. 缪灵珠，译．北京：高等教育出版社，1975:273.

[3] 亚里士多德．政治学 [M]. 吴寿彭，译．北京：商务印书馆，1983:129.

[4] 刘明翰，郑一奇．人类精神文明发展史：第 1 卷 [M]. 北京：中国青年出版社，2003:154.

[5] 章淑慧．竞技体育伦理基础理论和核心价值观研究 [M]. 长沙：湖南师范大学出版社，2012:15.

（二）古希腊时期体育精神的代表：雅典和斯巴达体育精神

公元前8世纪，伴随生产力的不断提高以及生产关系的变革，在希腊半岛形成了许多城邦国家，其中以雅典与斯巴达最具盛名。由于两者经济、政治及文化等方面各具特点，其在公元前6世纪已形成体系化的教育，这两种教育各有千秋，因而作为教育支柱的体育也各有侧重、独具特色。因此，以这两个城邦为代表来了解古希腊体育精神的形成具有十分重要的意义。

1. 雅典体育精神

雅典位于阿提卡半岛，全境多山，平地较少，粮食不足，橄榄和葡萄种植较为发达。雅典富有银矿、大理石和优质陶土，并有良港，地理位置便于与东方联系，因此雅典以工商业为经济基础，海外商业贸易尤为繁荣，并在此基础上逐渐建立起工商业奴隶主的民主共和制，文化高度发展，这塑造了雅典公民易于接受新事物、思想活跃的特性，也影响了其体育教育。

公元前6世纪，雅典形成了完整的教育体系，体育是其公民首要的学习内容，身体锻炼是首要的任务，他们提倡“终生运动”的理念。在雅典，体育不仅是捍卫城邦统治的军事训练需要，更是培养完美公民教育的基础，体育、知识与艺术教育三者合力培养身心俱美的公民。雅典人注重身体的健美、强壮、协调和匀称，健美刚健的形体是人体美的代表，崇尚人的自然力、欣赏人的形体美、塑造人的道德美感可谓雅典教育矢志追求的教育目标，因而在雅典古奥运会中裸体竞技者常常被看作人的各种美德的代表，更成为古希腊各种艺术着重表现的题材，运动会上的胜利者也常作为英雄偶像被崇拜并载入史册。在雅典各种竞技运动中必有音乐、诗歌、绘画等艺术形式相伴，竞技中“总是洋溢着忠诚、崇高的精神”，表现出“公正和良好的体育道德”[1]。在雅典人看来，体育竞赛既要锻炼参赛者坚韧不拔的意志，更要培养参赛者的德行，因而参赛者不能有任何政治、道德的污点，在激烈的竞赛中也一定有教练在场，监督比赛依照规则进行，防止任何敌对的情绪与行为的发生。因而雅典体育始终洋溢着对身体健美的崇拜、对激烈竞争中体

[1] 瓦诺耶克.奥林匹克运动会的起源及古希腊罗马的体育运动[M].徐家顺，译.天津：百花文艺出版社，2006:14.

育道德的坚守。

2. 斯巴达体育精神

斯巴达地处伯罗奔尼撒平原地区，是个以农业为主实行贵族寡头政治的国家，自由公民少，奴隶多且为城邦的公共财产，具有保守与闭关自给的性质。公元前8世纪，总数只有9000户左右的斯巴达人统治着25万属民，这就使得斯巴达人格外重视体格锻炼与军事训练，他们强调要培养能拿得起武器的公民，以保卫城邦利益和进行战争消灭城邦内外的敌人。严密的组织纪律和军事化使斯巴达一度强盛，成为希腊最大的城邦国。

斯巴达比任何地方都重视体育，其体育教育由国家管理，国家要求公民参加体育训练的唯一目的是“将他们培养为士兵”[1]，体育运动是战争及争斗的需要。整个斯巴达如同一座兵营一般，把奴隶主子弟训练成勇敢、坚韧、绝对服从的军人。斯巴达的婴儿诞生后，由长老检查身体，强壮合格者方允许生存，20岁时成为正式军人，一直服役到60岁，几乎一生都在过军营生活，每天需要进行规定的身体锻炼，从不间断。

斯巴达崇尚军事勇武精神，通过体育锻炼与竞赛培养参赛者与士兵的社团精神及遵守纪律的意识，就连斯巴达的妇女、女童都要接受符合法规的教育，在其教育体系中体育占有优先的地位。恩格斯认为在希腊诸国之中，斯巴达是最具尚武精神的国家，与雅典人“锻炼技巧和增强体力并重”的体育锻炼不同，斯巴达人则着重“增强军人的体力、培养坚韧不拔和刻苦耐劳的精神”[2]。正如恩格斯评述斯巴达体育及其精神那样，受当时经济与社会文化的制约，斯巴达人长于武功短于文采，他们尚武，注重增强体力、耐力和强度，以强壮勇敢为良善的标准，强调培养勇敢坚毅的精神，比起雅典的崇尚形体美在当时历史条件下显得更为实用，也正因此他们在古奥运会中保持了一个多世纪的优胜纪录。

---

[1] 瓦诺耶克．奥林匹克运动会的起源及古希腊罗马的体育运动 [M]. 徐家顺，译．天津：百花文艺出版社，2006:18.

[2] 马克思，恩格斯．马克思恩格斯全集：第 14 卷 [M]. 中共中央马克思恩格斯列宁斯大林著作编译局，译．北京：人民出版社，1974:12.

3. 古希腊时期的体育精神

受上述自然经济与社会文化等方面的制约，古希腊的体育活动显现出古希腊人的精神特质及人文主义的思想，其体育精神主要包括以下几个方面的内容。

第一，崇尚力量和强健体魄。苏格拉底认为力量与肉体的美，只有通过身体锻炼才能得到，衰弱是一种耻辱，无论如何，把身体锻炼好总不会吃亏的，人们所做的一切事情都需要用身体，那么，尽可能使身体保持良好状态，就是非常必要的了。

第二，身心协调发展。在古希腊时期，人们普遍重视体育活动的开展，在开展体育活动的过程中形成了一些具有代表性的体育思想、体育目标等体育观念及理论。古希腊“三杰”（苏格拉底、柏拉图、亚里士多德）是教育家、哲学家，他们的思想和人格受到当时人们的尊重，因此，他们的体育思想对当时的人们影响较大，所以，本书以苏格拉底、柏拉图和亚里士多德的体育思想为例，来阐述古希腊的体育精神。通过史料的分析，可以发现苏格拉底、柏拉图和亚里士多德三位哲人的身心协调发展的体育观念。苏格拉底说做任何事情都“离不开强健的身体和精神”，他极力主张通过坚韧不拔的努力去“锻炼身体，并使身体做好精神的奴仆”。我们之所以经常陷入“久思而不动”的苦恼之中，就是因为我们身体受到了限制的缘故。为了获得精神的解放，我们要努力锻炼自己的身体[1]。“由于身体不好，健忘、忧郁、易怒和疯狂，就会猛烈袭击许多人的神智，以致把他们已获得的知识丧失殆尽，但那些身体健康的人却有充分的保证，他们不会遭受由于身体不好而遭受的危险，与此相反，由于身体健康倒很可能获致和身体衰弱完全相反的有益效果”[2]。柏拉图说“那种能把音乐和体育配合得最好的，能最为比例适当地把两者应用到心灵上的人，我们称他们为最完美、最和谐的音乐家应该是最适当的，远比称一般仅知和弦弹琴的人为音乐家更适当。”亚里士多德认为，生物的最高级组合便是灵魂与肉体紧密结合的人类，人类应当注意保持健全的自然状态，使灵魂和身体都处于最佳状态之中，这样的人的灵魂统治

[1] 筱田基行．体育思想史 [M]. 王德深，译．东京：日本东京逍遥书院，1973:75-76.

[2] 色诺芬．回忆苏格拉底 [M]. 吴永泉，译．北京：商务印书馆，1984:131-132.

着身体，达到了善的崇高境界，是“完整的人”[1]。

第三，坚持不懈的参与精神。在古希腊时期，苏格拉底提倡终身体育，“当有人嘲笑他那么大的年纪还运动”时，他立即反驳说：“运动能增进食欲，有良好的睡眠，是最好的健身法，为了健康进行运动是不必考虑年龄的。”[2]在柏拉图看来，教育的宗旨应是教育公民为了保卫城邦而进行终身锻炼，而不是培养职业运动员，如拳击手和角斗士。柏拉图从国家发展的角度阐释了终身体育的重要性，为了保卫国家而进行终身体育锻炼、保持健康，柏拉图认为个人的健康关系国家的命运，国家的完整是公民幸福的保障。亚里士多德认为健壮的体格对于受教育者来说十分重要，从婚配开始就应该注意锻炼，父母都应具备健康的身体；婴儿脱离母体后要注意运动；儿童发育期要进行体育活动；少年时代起要就学于体育教师，接受体育训练；青年人从事体育活动可以培养善德，并把体格训练放在人生教育的首位，贯穿人生的始终。

古希腊的体育活动已经具有相当的稳定性，也基本摆脱了宗教和军事的束缚，某种程度上体现了体育的健美精神、和谐精神和积极参与的精神。当然，我们应该对古希腊体育精神做一个客观公正的评价，由于受到当时历史条件、人们的认识能力等各种主客观条件的束缚，古希腊的体育精神具有一定的局限性。不论是苏格拉底，还是亚里士多德的体育思想都受到了当时社会历史背景的影响和制约，具有时代局限性，尚处于体育精神的萌生时期。

总之，古希腊人重视强壮健美的体魄，崇尚人的力量，追求讲求规则与公平的竞争，在积极参与激烈竞赛的同时享受游戏精神带来的愉悦，这些方面是古希腊体育精神较为突出的特点。现代体育继承并发扬了这种古希腊体育传统，“奥林匹克”这个名字从某种程度上表明了这一点。然而，近代体育保存的并不是完整的古希腊体育，而是在扬弃基础上汲取了它的几个方面，绝对不是对古希腊体育传统及体育精神的全面“复古”。然而古希腊人深信，理想的人生应该是能对一切事物进行一种全面的追求，是对身心双方的各色才艺都给予同等的尊重。一个完美的人应该是运动员、哲学家、法官、诗人以及其他各

[1] 李柏，郑秀丽，白文．古希腊“三杰”体育思想的当代阐释[J]．辽宁体育科技，2009（4）:1-4.
[2] 王其慧，李宁．中外体育史[M]．武汉：湖北人民出版社，1988:265-266.

种高贵身份之多方面活跃生活的综汇。古希腊体育精神注重力与美的结合，并注重与智育的结合，对以后的体育、艺术、教育等文明的发展有深远的影响。

二、中世纪体育精神的发展

（一）中世纪的社会制度

从公元476年西罗马帝国灭亡到1640年英国资产阶级革命前，被称为欧洲中世纪。日耳曼人的入侵，荡涤了昔日繁荣的罗马文明，欧洲逐渐步入封建化的进程。5世纪，日耳曼各部落在罗马帝国的废墟上建立了许多国家，通过土地集中、公社解体和农民农奴化，逐渐由氏族社会过渡到封建社会。日耳曼各部落中最强大的法兰克王国，8～9世纪中经查理大帝南征北战，在基督教会的支持和帮助下，完成了封建化。查理大帝死后，统一的帝国被他的子孙分成了三个部分，以这三个部分为基础形成了后来的法兰西王国、德意志王国和意大利王国。9～11世纪，在采邑封地制的基础上，经济上形成了自给自足的封建（领主）庄园制，建立了封建的等级制（世俗的贵族等级制和宗教的教阶等级制），巩固了封建领主对农奴的统治。在各国封建化的过程中，统治者占有绝大部分土地，控制了国家政权和神权，利用征收地租、赋税和劳役等方式盘剥农民；用国家机器保护统治者的利益，同时镇压人民的反抗；世俗的王权又与宗教的神权相互勾结，在思想文化领域里用宗教对广大人民实行精神奴役。

（二）宗教神学笼罩下的体育活动

中世纪体育在基督教教义、教条的压制下走进一个黑暗的时代，“凡是基督教控制的地区，人们不得参加竞技运动，不得因为重视自己的身体健康而去从事体育锻炼。人的世俗生活和人性被中世纪的教会湮灭殆尽，只在一些没被教会控制和控制不严的地区保存了一些小规模的民间体育活动”。[1]一切消遣娱乐被禁止，认为“强壮而活泼的身体只有软弱而不起劲的精神。在简单而脆弱的身体中，才能使精神更坚强活泼地发展”。中世纪的欧洲人文

[1] 童昭岗，孙麒麟，周宁．人文体育——体育演绎的文化[M]．北京：中国海关出版社，2002:194.

化水平较低，教会垄断教育，推行愚民政策。在教会把持的学校里，教育目的就是培养忠于基督教或神灵的信徒，根本没有体育课，也不允许学生从事体育运动，把体育排斥在学校教育之外。到了394年，作为基督徒的罗马皇帝狄奥多西，在牧师们的怂恿下，废除了奥林匹克运动会。30年后，罗马皇帝更以基督教的名义，放火烧了奥林匹克残存的庙宇。欧洲中世纪的基督教文化导致绝大部分体育活动被迫停止，直到中世纪末期，散落在民间的体育活动才开始活跃起来。可以说，欧洲中世纪的体育活动受到了限制，在这一时期并没有明显发展，在一部分人看来体育在中世纪遭到了压制与毁灭，以致学界将中世纪称为体育的“黑暗时代”。

（三）中世纪体育精神的代表：骑士精神

骑士是中世纪西欧封建统治阶级中的最低阶层，他们来自封建领主中没有财产继承权的非长子的子弟，以服骑兵军役为条件，臣属领主并获得国王或领主分封的采邑而成为小封建主。他们一方面残酷剥削农民和镇压农民的起义，另一方面以参加国王和领主的对外掠夺战争为职业。他们平时以狩猎和比武为消遣，经常举行假想的格斗锻炼征战能力；战时则全身披挂甲胄，骑马纵横厮杀。当时社会的需要和掠夺战争的需要，形成了骑士教育制度。

在中世纪的神学统治下，只有在培养效忠教会和领主的骑士教育中，古希腊和古罗马的体育活动得到一定的继承和发展，体育精神在狭隘的统治阶级层面，即骑士教育制度中得到些许体现。骑士教育以军事体育训练为主要内容，形成于11世纪末，盛行于11世纪至14世纪，后因封建制度的解体和射击武器的广泛使用，逐渐趋于没落。骑士训练通常分为三个阶段：骑士7岁前接受家教；7~15岁接受礼文教育，学会上层礼节和音乐、文化、体育以及服侍贵妇；15~21岁为侍从教育阶段，重点学习“骑士七技”，即骑马、游泳、投枪、击剑、打猎、下棋和吟诗。训练骑士的标准是剽悍勇猛（体魄强健、战斗果敢）、忠君爱国（崇敬上帝、忠于教会、效力国王和领主）、宠媚贵妇（以豪侠献媚贵妇人），因此中世纪的骑士是神权和王权的刽子手，骑士精神实质上是基督教义与日耳曼贵族野蛮性的综合体[1]。骑士体育里不存在古希腊人的全面发展思想，忽视智育，更没有早期罗马人在体育中对国家和民族抱定的责任感，只有对宗教的狂热和对领主与贵妇人的献媚。

随着时间的推移、社会的进步、城市的兴起，人们对体育的需要越来越强烈。不管基督教怎样竭力阻碍体育活动，也不管国王如何有限制地提倡开展某项体育活动，在民间的宗教祭祀和节日里，广大城民和农民依然热衷于自己喜爱的游戏和舞蹈等活动，各种体育活动得到了保留和发展，不少体育活动还是近现代体育运动项目的雏形。因此，对于广大城民、农民和骑士来说中世纪不是体育的“黑暗时代”，而是相对的光明时代。中世纪后期，“文艺复兴”终于冲破了封建神权的桎梏，迎来了资产阶级思想解放的曙光，同时产生了近代体育的萌芽。

三、近代体育精神的凝练

（一）近代社会体育精神发展的社会背景

西方文艺复兴时期的主题是人与神的斗争，追求的是人性的解放，要求获得人的尊严，提倡个性发展和潜能的发挥。在文艺复兴运动中，随着人们对人的地位的重视，体育活动得到了越来越多的哲学家、教育家及其他人文学者的重视，他们把人文精神和体育运动结合起来。一方面，他们将人文精神，如“人性解放、平等、公正”等思想贯彻在体育活动的教学和比赛过程中；另一方面，他们尊重身心发展规律，复兴和重新倡导古希腊“多方面和谐发展”的理论。例如，“1450年，意大利活动家马泰奥·帕尔米里亚在他的一篇政治论文中，第一个公开倡导将古奥林匹克精神灌注于人们的社会生活，颂扬了古希腊罗马时期身心和谐发展的体育观”[2]。14世纪至18世纪中叶，欧洲发生的文艺复兴、宗教改革和启蒙运动三大思想运动，对社会文化产生了深远而广泛的影响。在这种人文和社会环境下，人文主义者普遍认为，人们应该有权利健康地、快乐地生活，倡导和崇尚“健康的精神寓于健

[1] 高等学校体育史编教材写组．体育史[M]．北京：高等教育出版社，1996:234-236.

[2] 童昭岗，孙麒麟，周宁．人文体育——体育演绎的文化[M].北京：中国海关出版社，2002:205.

全的身体”。在这些人文思想的指导下，体育教育取得了较大的发展，如创造了“阿诺德体育教育方式”，更为重要的是一些人文学者提出了自己的体育思想。

一是追求幸福的体育精神（终极化）。英国教育家、哲学家洛克在其著作《教育漫话》的开篇之处便写道“健康之精神寓于健康之身体，这是对于人世幸福的一种简短而充分的描绘。凡是身体精神都健康的人就不必再有什么别的奢望了。”从这里我们可以看出他是从追求人生幸福的高度来论述体育的伦理和终极价值的，体现了一种追求幸福的高层次的体育精神和理想。[1]二是尊重运动规律和科学的体育精神（科学化）。斯宾塞在《教育论：智育、德育和体育》这一著作中提出科学体育的思想，他认为只有掌握人体的规律，懂得生活卫生，使用科学的方法，才能做到获得健康、保持健康。这是历史上首个从尊重科学、尊重身体机能规律，要求顺应人体活动规律和科学的角度谈体育的著作，体现了尊重运动科学的一种求真的体育精神。三是体育活动大众化的体育精神。卢梭在《爱弥儿》中用文学的形式对体育教育进行了理论构架，推动了人们对体育的理论研究和实践，并成为自然体育学派的创始人。

经过文艺复兴、宗教改革和启蒙运动三大思想革命之后，在欧洲中世纪坍塌的体育精神在物质层面重新矗立起来，出现了一些地区性和影响较小的国际体育组织，体育精神虽然得到了一定的丰富和发展，但从总体来看，体育精神的高度和丰度还处于较低的水平，不能从人的生活方式、价值观、伦理等方面全面反映体育精神的社会属性，在现代奥运会诞生之前并没有取得突破性的成就。

19世纪末期，战争、资本主义残忍的竞争使人们的社会生活变得乌烟瘴气。一方面，人们精神颓废，找不到精神的安慰；另一方面，又要在战争和竞争中保全自己，人性丑陋的一面暴露在现实生活之中。顾拜旦在这样的历史背景下不得不思考如何振奋人们的精神，通过怎样的方式引导人们走向神圣和向善的道路。他将体育活动和人们的世俗生活、健康生活、娱乐生活紧密联系，

[1] 约翰·洛克．教育漫话 [M]. 北京：教育科学出版社，2012:1.

以奥林匹克的方式振作当时人们的精神和慰藉他们的心灵。被誉为“现代奥林匹克之父”的皮埃尔·德·顾拜旦恢复了中断1500多年的奥林匹克运动会，促使奥运会成为世界上规模最大、影响最深的体育盛会，成为“一所既培育高尚精神和美好情操的学校，也是培育身体耐力和力量的学校”[1]。他在推动奥运会发展的过程中，逐渐形成和积淀了独特、成熟的体育思想和精神理念。他提倡的体育精神包括三个方面：一是身心二元和谐统一的协同精神。他认为：“人并非仅仅具有肉体和灵魂两个部分，而是具有肉体、精神和性格三部分，性格完全不是精神塑造的，而仅仅是由肉体形成的。这一点古人早已明白，我们却要艰难地重新认识。”[2]顾拜旦认为，我们应该重新认识个体的身体、精神协调发展的重要性，体育活动为实现这种身心和谐创造了条件和提供了实现的可能性。二是积极、乐观、充满进取的精神。他倡导人们在体育活动中应拥有正面的、积极的心态，怀有“更快、更高、更强”的自我超越和拼搏进取的精神。三是体现“真、善、美”的和平精神。正如他在《体育颂》中所倡导的：“啊！体育，你就是和平！你在各民族间建立愉快的联系，它在有节制、有组织、有技艺的体力较量中产生，使全世界的青年学会相互尊重和学习，使不同民族特质成为高尚而公平竞赛的动力。”[3]

（二）近代西方体育精神的内涵

随着奥运会和其他体育运动的持续、健康发展，以奥林匹克伦理精神为代表的西方体育精神得到了不断的充实和丰富，形成了以人本主义为原则的现代西方人文体育精神。人本主义的原则与体育思想中的以人为核心、弘扬人性、维护人的健康生存的文化理念具有内在同一性。西方体育精神推行人道主义，扬弃宗教异化、伦理异化和对物质的过分崇拜，反对革命原则高于人道原则，反对科学理性压制人的个性解放。

现代西方人文体育精神主要体现为和平、友谊、自由、民主等精神，

[1] 皮埃尔·德·顾拜旦．奥林匹克回忆录[M]. 刘汉全，译．北京：北京体育大学出版社，2007:208.
[2] 翟林．体育美育探微——体育美的理解与追求[M]. 北京：北京体育大学出版社，2011:32.
[3] 国际皮埃尔·德·顾拜旦委员会．奥林匹克主义——顾拜旦文选[M]. 北京：人民体育出版社，2008:110.

人世间没有和平与友谊，就谈不上对生命的珍惜，也就没有人道主义；人世间没有自由和民主，就谈不上社会的公正和正义，同样也没有人道主义。因此，“自由平等、公平竞争、追求卓越”的体育精神实质是对人道主义精神在现代背景下的具体解释。

1. 自由平等的体育精神

现代体育活动，不论民族、性别与年龄，所有人都有自由地参与的权利。这种自由的权利催生了人们对平等的诉求，同时，对平等权利的争取也为保障人们参与体育的自由权奠定了基础。一方面，西方现代体育中蕴含的自由和平等精神是借鉴、吸收和接续西方资本主义精神的产物，因为自由精神的迸发和平等权利的产生是宗教改革造就的资本主义精神的产物。16 世纪的宗教改革集中体现了西方宗教对体育精神的影响。宗教改革中新教的形成意义深远，新教直接促成了平等思想观念的形成，并使自由的精神得到发展。另一方面，随着西方自由市场经济、民主政治制度、多元文化的发展，特别是随着人的主体性意识的觉醒与发展，自由、平等的意识和观念在人们头脑中越来越强烈，人们对自由和平等的追求也更加迫切和执着。由此，自由和平等的体育精神鼓舞了人们对体育的参与，人们要求拥有参与体育活动的自由权利和获得平等的竞技机会和参与平台，自由和平等精神无形之中渗透在体育运动的方方面面。

2. 公平竞争的体育精神

竞争是现代西方体育精神的核心要素之一。现代体育运动总是伴随着角逐和竞技。竞技是现代体育运动的最高形式，也是区别于其他社会文化活动的重要标志。竞争的结果是否具有有效性，往往取决于它的公开性和公正性，这就需要体育运动的竞争拥有一个公平的参与平台、评价方式和透明的规则。在现代的各种竞技体育比赛中，一般都有透明的比赛规则和明确的评分标准，“赌球”“黑哨”等不公平竞争的体育事件，会引起人们极大的抗议及对违规者的强烈声讨，这从侧面凸显了公平竞争的体育精神已深入人们的心中。

3. 追求卓越的体育精神

追求卓越是一种拼搏进取、追求极致的精神，从其内涵来讲，追求卓越不仅包含争取第一的精神追求，其广义的内涵是超越自我而实现自身价值，成为“优秀”和“杰出”的人。“在体育中，运动者通过坚持不懈的锻炼、激烈的竞争来突破人自身的极限，运动者在体育中不断更新着自我、塑造着自我，使人在肉体和精神上不断趋向健康、趋向和谐、趋向完美。”[1]只要体育实践仍在继续，这种追求卓越的过程就不会终止。追求卓越的体育精神主要表现为以下两个方面。

一是更快、更高、更强的自我挑战的精神。追求卓越意味着追求一种至高的境界，一方面，它蕴含着对自身身体素质极限的挑战和最大潜能的挖掘；另一方面，也意味着对自我的心理素质、思维能力和悟性等心理、艺术素质的极端考量和深入思考。更快、更高、更强的目标能否实现，取决于体育竞技者身体的“硬件”功能和心理素质等方面的“软件”优势的协调发挥情况。

二是永不言败、永不服输的进取和坚持不懈的精神。现代体育竞技运动要求运动员克服各种困难，诸如年龄大、伤病、精神状况失调等。没有一种追求卓越的远大目标和强大的内心动力是无法克服困难和渡过难关的，更不用说取得辉煌的战绩。只有体育竞技者的心中存有追求卓越的精神，他们才会秉承“超越自我、超越他人、超越世界最高纪录”的理念，促使自己坚持不懈地训练和调整身心状态，在赛场上坚持到最后，尽最大努力展现其独特的精神风貌。

第二节　中国体育精神的历史考察

“体育”一词是近代洋务运动时期传入中国的舶来品，在中国古代文化发展史上很难找到与其内涵相一致的概念，这也是学术界不少学者认为中国本无体育的重要原因之一。然而，没有体育的概念，并不意味着中国文化发展史上没有体育活动，中国历史上没有现代意义上的高度发达的系统化的体育，没有的是带有明显西方文化根源及特质的现代体育。纵观整个中国文化

[1]　黄莉．中华体育精神研究[D]．北京：北京体育大学，2006:55.

发展史，早在中国原始部落的生活中，就已经萌生了独具特色的体育活动。中国体育活动从形式、技法到思想观念都自然而然彰显着中华独有的文化特征，体现着中国先民们对生活的体认与创造。不同于西方的体育文化，中华体育文化贯穿着、孕育着独具东方特质的体育精神，影响着中国民众在体育中的行为方式与精神状态。体育文化蕴藏于博大精深的中国文化传统之中，是中国文化的重要组成部分，中国文化传统影响着体育的价值取向、体育精神的形成与发展。

一、中国体育精神的萌芽

中华民族悠久的文化发展史告诉我们，中国古代体育活动的出现比我们见到的历史记载或是考古发现的证明早得多，体育精神的萌芽与发展同样也比我们依据文献资料的推测早很多。分析中国体育精神的萌生及特质，要以当时中国的自然、文化、社会土壤为基石。

（一）中国体育精神形成的基础

1. 自然经济基础

马克思曾指出，地理环境是人类的无机身体和自然存在，是孕育人成长和制约人活动的舞台和地平线，世界上各种文化都会深深地打上地理环境的烙印。中华文明发源于黄河流域，带有明显内陆文化的特征。从地理环境上看，中国位于全球最大的陆地——亚欧大陆的东部。西有黄土高原，东则濒临大海，北有茫茫沙漠，南有炎炎烈日。中华民族所处环境相对比较封闭，属大陆性气候，适宜的温度、平坦的地势和肥沃的土地，就像是一个巨大的地理单元，形成了以农耕经济为主，农牧渔业并举的经济格局。这种特点不仅直接影响了中华民族的生存方式，还影响了民族心理、民族文化。由此，人们形成了以个体农业经济为基础，以宗法家庭为背景，以儒家思想为核心的中国古代文化个性。这种文化形成了中华民族自然质朴、绵延世泽、热爱土地、理解感情，尚人伦、尊祖宗、重道德、兴礼教的民族品格和精神。受该文化影响，中华民族传统体育十分重视体育伦理和社会价值，即注重以健康长寿为终极目的的健身养生，将精神情感置于首位，万法归宗、以德为本是其精神形式和理念的最高层次。在人与自然的关系上，逐渐形成崇拜自然、人与自然和谐相处的思想，如传统体育中强调的人通过呼吸调整与外界自然保持平衡就是有力的证明。中华民族居住于肥沃的冲积平原，世世代代保持自给自足的小农经济，没有向外的需求，由此形成的民族心理特质是对大自然的依附性很强但向外的扩张性、征服性不足。中和融通的宽和精神决定了中国古代传统体育呈现出一种不同于西方的形式与特点。这种文化心态决定了中国古代体育具有注重向内发展、追求身心和谐、自我完善、不事竞争、形体自娱的精神文化特质。

2. 社会制度的影响

先秦时期，氏族血缘关系就被完好地保留下来，这是以血缘关系遗存为基础，是人们在长期的生活实践中孕育出的一种重人情礼俗而轻法度的心理定式和文化传统。民族传统体育反映了农业社会里构建在人生不同阶段上的礼仪形式和伦理观念，这在古代已消亡的击壤、投壶、九柱戏等传统体育项目里表现得最为突出。尊敬祖先和重视宗族关系的特色，在中国众多少数民族传统体育活动中也体现得较为明显。

3. 思想渊源的影响

在原始生产方式下，强健的体魄和机敏的头脑往往可以使一个人在劳动生产与战争搏杀中出类拔萃，获得功利。这种现实的需求使人们意识到体能与技能锻炼的重要性。远古时代，人类生产力水平低下，科学知识贫乏，人们不能理解和驾驭自然力量及社会力量时，在惶惑、恐惧、幻想之中自然地使用“万物有灵论”的原始思维，认为自然界许多有生命和无生命的事物都存在着跟人一样的活动和思想、欲望[1]。在无法驾驭的自然力面前，人们创造神灵并把希望和力量寄予于它，当信仰和崇拜需要物化的形式时，就进一步将它神化、人格化了。人对自己创造的神持有希望与恐惧交织的两重态度，于是采取祭祀的方式，以佳肴美味、赞歌颂词、舞蹈竞技对之顶礼膜拜，百般讨好。“各部落各有其正规的节日和一定的崇拜形式，即舞蹈和竞技；舞蹈尤其是一切宗教祭典的主要组成部分。”[2]随着人们认识水平的提高和科技

[1]　钟敬文 . 论娱乐 [J]. 浙江学刊，1999（5）:92-95.

[2]　马克思，恩格斯 . 马克思恩格斯全集：第 21 卷 [M]. 中共中央马克思恩格斯列宁斯大林著作编译局，译 . 北京：人民出版社，1965:106.

文化的普及，神权统治逐渐消亡，体育活动中许多娱神的成分逐渐淡化，由娱神目的出发而进行的活动逐渐成为活动者自己放松、休息和娱乐的活动，有些活动甚至基本失却了早先的信仰内核，而以交际、喜庆、娱乐的形式存活于少数民族生活之中，并随着时代的发展，从内容到形式变得更加丰富多彩。从龙舟竞渡这项古老的传统民俗活动由早先的祭龙到祭祖祭英烈再到庆丰收的转变，可以看出这一民俗活动由娱神到娱人再到自娱的转化。中华体育精神的形成源于中华民族的文化积淀，是中华民族文化精华的凝练。

二、封建社会体育精神式微

中国封建社会具有悠久的历史，体育精神在朝代更迭和战争中曲折发展。和平时期，体育精神主要体现在统治阶级的休闲娱乐和民间的风俗习惯之中；战争年代，体育精神主要体现在军事斗争之中。中国封建社会自汉武帝独尊儒术以来，不管是和平时期，还是战乱纷争年代，忠君爱国的儒家思想深入人心，作为中华民族特有的精神流传下来；“舍生取义”的英雄主义精神、“自强不息”的奋斗精神、“天道酬勤”的乐观精神贯穿历史始终，成为中华民族的文化精髓和不竭精神动力。体育精神在民族融合、国家认同中起了重要的黏合作用。中国封建社会的发展影响了中国传统体育精神的发展，也在时间的推移下，不断丰富和拓展中国体育精神的内核。

中华民族绵延几千年的历史，是文化不断继承与创新的历史。中华民族精神是中华文化的集中体现，以中国传统文化为根基的中国体育精神也成为中华民族精神的内在构成部分。由此，我们梳理这一时期的体育精神，既有助于我们了解中华民族精神，也有利于传递中国体育精神。

封建社会中国传统体育精神的历史演变大致可以分为以下三个阶段。

第一个阶段是封建社会大一统初期（秦）。这一时期以战国百家争鸣为中心，中国传统体育精神的基本特征在这一时期凝聚成型，决定了中华体育的发展方向。我国体育精神起源于先秦诸子的思想文化，先秦诸子思想文化体系构建起中华民族精神的同时筑起了中华体育精神的基石。秦王朝统一六国前，各派思想百家争鸣。儒家重伦理，重礼仪，重功名，儒学之士无不以修身、齐家、治国、平天下为己任，主张人要积极地设想规划社会的运转方式，强调人对社会的责任和贡献。墨家同样强调人对社会的积极作为，但其与儒家不同的是，重“兼爱”“交相利”。道家则主张法自然之道，“贵己”“重生”，强调通过自身的道德修为，遵从自然的法则而实现社会秩序性运转。阴阳五行说认为，阴阳是事物本身具有的正反两方面对立和转化的力量。纵观儒、道、墨、阴阳五行等诸家诸派，无不首先是以人的社会道德为基本要点的。秦王朝利用霸术一统天下，然后实行统一文字、度量衡等巩固统治的措施。在此过程中，中国传统体育精神在儒墨之争、儒道之争、儒法之争、儒与阴阳五行之争中构成不同时段的高峰，法自然重养生、性命为本、重神轻形的体育精神逐渐成形。

第二个阶段是在封建社会鼎盛时期（汉唐）。这一阶段是以多民族文化的高度包容和大规模的地域扩张为标志的，对中国传统体育精神给予了充分的补充和完善。

汉唐是我国封建社会的上升时期，在此过程中，汉王朝“罢黜百家，独尊儒术”的政策，使得儒家的文化精髓对中国传统体育精神产生了深刻的影响。儒学是由中国春秋末期的孔子所创立，由后代学子不断传习发展的学派。儒学最基本的思想是“仁义”，并提倡礼乐文化观念和积极的入世精神。这一文化特质为中国传统体育精神的形成提供了最直接的推动力。第一，儒家宗法政治和礼乐教化哺育了浓郁的“修身”“齐家”“治国”“平天下”的意识。“古之欲明明德于天下者，先治其国；欲治其国者，先齐其家；欲齐其家者，先修其身；欲修其身者，先正其心；欲正其心者，先诚其意；欲诚其意者，先致其知；致知在格物。物格而后知至；知至而后意诚；意诚而后心正；心正而后身修；身修而后家齐；家齐而后国治；国治而后天下平。自天子以至于庶人，壹是皆以修身为本。其本乱而末治者否矣。”[1]“以家为家，以乡为乡，以国为国，以天下为天下。”[2]由修身延及爱家，由爱家延及爱国，由爱国延及治天下，爱国、爱家、爱父母、爱他人，责无旁贷的利他主义情怀奠定了中国传统体育精神的爱国主义特征。第

[1] 杨天宇．礼记译注·大学[M].上海：上海古籍出版社，1997:801.

[2] 戴望．管子校正·牧民[M].上海：上海书店，1986:3.

二，以血缘关系为基本纽带的宗法统治秩序为中国传统体育精神注入了坚强的集体主义意识。在当代重大的体育比赛中，中国运动员往往把取得好成绩看作为国争光、为社会做贡献、为父母争傲、自我价值实现的总和。第三，尚志谋不尚勇力的文化影响。“暴虎冯河，死而无悔者，吾不与也。必也临事而惧，好谋而成者也。”[1]由智谋文化演绎而来的机智博弈精神在中国传统文化中占据重要地位，也是中国传统体育娱乐活动反映出来的独特精神。“君子无所争，必也射乎！揖让而升，下而饮，其争也君子。”可见，中国传统的娱乐项目强调重参与、重过程而轻结果的豁达态度。在儒家文化的影响下，任智不任力的竞技精神、崇德尚礼的参与精神、重内修的道德精神、随和圆润的人文精神等特质逐渐成形。

第三个阶段是封建社会衰微时期（宋明）。这一时期以理学的兴盛为标志，在很大程度上扭曲了中国传统体育精神的原生状态。中国古代哲学不仅强调人与自然的和谐统一即“天人合一”，而且强调个人与社会集体的协调统一，还要求个人内外协调统一，强调个人阴阳平衡。同时，中国古代哲学特别强调人格，崇尚气节，重视情操。先哲所倡导的理想人格，广泛影响着人们的道德培养，并成为中华民族传统体育中共同的精神品质。这样的自然观和生命观，形成了中国人特有的对健身机理的看法。例如，中国古代导引术多模拟自然界中动物的形态动作，创造出把呼吸运动与身体运动合为一体且具有保健性质的多种体育运动项目；倡导在发挥人的主观能动性进行强身健身的同时，要顺应自然，依时而行，强调人与自然的和谐统一。这些都极大地促进了人们身体素质的提高，以及和谐体育精神的发展。然而，在宋明理学兴起之后，传统的宗法意识更为浓厚，存天理灭人欲等理念无形之中扼杀了人们的创造力，也在一定程度上影响了体育活动的正常开展和体育精神的进一步升华。

三、近代中国体育精神的变奏

在中国近现代的百年历史长河中，人民饱受欺凌，灾难深重，历经沧

[1] 刘宝楠．论语正义·述而[M].上海：上海书店，1986:140.

桑，中国体育也在这不安定的环境中艰难地发展。鸦片战争后，帝国主义的“坚船利炮”使国门被迫打开，列强的入侵和清廷的腐败，使中国逐渐沦为半殖民地半封建社会。为了挽救民族危亡，争取民族解放，各阶级阶层积极探索救亡图存的道路，中国社会先后经历了洋务运动、维新变法等改革，辛亥革命、五四运动等。一些有识之士将强国强种的梦想寄托在西方体育之中，自清末引进西方体育至纳为学校正式课程，将民族精神教育融入体育中，使体育顺理成章地成为增进民族意识、提升民族情操的工具。这样，几千年流传下来的古代体育与西方传入的近代体育在战乱的社会中交叉汇流，最终现代体育成为主流，中西方体育精神也在这一时期得到极大的交流和融合，具体就表现在对近代体育精神基本内容的阐释上。

（一）强国强种、尚武救国的体育精神

随着近代中国遭受帝国主义列强的侵略，内乱频繁，国势危急，国内各阶层人士谋求变法，寻求保卫国家的道路，民族主义思潮逐渐形成。当时不仅严复等人强烈倡导强国强种的体育思想，甚至秋瑾、徐锡麟等革命志士也身体力行，办体育学堂救国。体育已然成为增进民族意识、提升民族认同的工具。在民族主义教育的影响下，民族精神教育融入体育当中，一方面，在体育中加强文化熏陶尤其是民族自尊心、武德的培养；另一方面，体育配合军事化的训练，使国民体格得到充分的发展，能够为国家效力。二者结合达成文武合一、术德兼修的教育目标。因此，在20世纪很长一段时间里，中国体育精神都带有浓厚的军事体育的色彩，为强国强种的政治目的服务。也正是在民族主义体育思潮的影响下，近代体育精神与传统体育精神大相径庭，变化明显。传统的中国体育精神追求的是一种“养生”的思想、游戏娱乐的思想，体育是人们娱乐的一种方式，是生活的慰藉品，而随着近代中国国情的变化和西方近代体育的传入，体育精神逐渐与民族精神相融合并带有政治性的目的，这是中国体育精神变化的显著标志之一。

（二）身心合一的体育精神

1919年，爆发了在中国近现代史上影响十分深远的五四运动，大量西方先进的教育思想和体育思想被引进中国。军国民主义体育思想遭到了批判，而具有民主色彩的先进体育思想逐渐为教育界和体育界普遍接受。在五四运动和新文化运动的影响下，1922年，北洋政府教育部提出了“新学制”体育课内容，废除兵操，以田径、体操、球类、游戏为主要内容。这一课程内容与以往的兵操和普通体操相比，体现了科学的教育观，更加适合青少年的生理和心理特点，有利于学生的健康成长。这种体育观主要是受到了自然主义体育思潮的影响，这种身心合一的自然主义教育观的主要特质有三点：一是身体不是独立于心灵之外，人的身心是一体的，要德智体三育并重；二是教育来自经验，通过身心并行的体悟以达到教育的目标；三是身体是与自由的心灵共存的，而不是外人的附庸。

在自然主义教育观的指导下，中国的体育精神也蕴含了身心合一的思想，在实践中的具体表现有如下几个方面：一是体育是教育的一环，教育的目的是培养身心健全的自然人；二是体育课程要包括水上运动、野外运动、游戏、竞技运动，强调要与自然紧密地接触；三是按照儿童生理与心理的发展分别进行自我保护锻炼、自由运动、感官训练、技能训练和卫生保健等；四是以生理和心理的发展为基础实施分期的体育锻炼；五是以全民为教育对象，并特别重视儿童和青少年阶段的体育教育，而且不论贫贵，人人都有受教育的权利。这种身心合一的体育观在某种程度上与中国传统的体育精神相契合，同时追求身体与心灵的进步，只是西方自然主义体育思想将体育作为独立的项目发展起来，更加侧重于青少年的体育锻炼与成长，而中国传统的体育精神更加侧重于内在呼吸的调整以达到身体机理的和谐，体育的对象也并不局限于特定的人群。纵观中西方体育，这种自然主义的体育精神更接近现代体育精神的要求，也更符合人的个性发展。

第三节　中西方传统体育精神之比较

一、中西方传统体育精神的相异之处

（一）中西方传统体育精神产生的背景差异

中西方传统体育精神产生于不同的地理环境、物质生产、生活方式等背景，由此形成了不同的体育文化和体育运动方式。西方体育文化推崇个性，勇于探索，追求事物的多样性与矛盾性。在这种文化背景的熏陶下，西方体育精神具有较强的竞争性。而中国历来奉行“中庸之道”，讲究自然，反对竞争。这种文化背景下的体育精神讲究礼仪性，注重个人修养和养生之道，追求“健”和“寿”。[1]

（二）中国传统体育精神主张“养生”，西方传统体育精神主张“竞争”

中国传统体育精神一个显著的追求就是养生。养生之道重视人与自然的关系，它认为人与自然是和谐统一的关系，人是自然界的一部分。古人在进行身体锻炼的时候，与大自然进行深入的接触，仿佛与自然融为一体。通过与自然进行沟通，将体内的污浊之气排出，将自然之精华气息保留体内，从而使人的机体达到和谐畅通。传统的养生观还认为决定人的健康和寿命的不是外部环境，而是内在的调和，注重意念和修为的作用，所以中国的传统体育精神主张刚柔并济，以柔克刚，以静养生。正是基于这样理念，我们看到中国传统的体育项目很少采用肌肉剧烈收缩的活动方式，主要强调身体的内部活动，不重视身体的外部运动。同时，中国传统体育精神的“养生”和“养性”紧密联系，皆在重视对身体和品性修养的综合要求，人们对个人的称颂往往是将外形与内在气质结合起来，整体考量。之所以形成这样的体育精神，主要是因为我国是一个以农耕文明为主导的国家，文化上又倡导儒学的“体验”“反省”思想、佛家的“面壁”“顿悟”思想，加之中国的体育

[1]　何祖新 . 文化背景下的中国传统体育与古希腊体育的分别 [J]. 体育与科学，1999（2）:48-50.

活动历来都从属于其他社会活动，没有形成一个独立的、统一的理论体系，所以显得尤为含蓄和内敛。

与中国古代宣扬的“养生”不同，西方的传统体育精神则崇尚“竞争”。在古希腊人的体育观念中，竞争是至上的，击败对手、夺取胜利就是古希腊奥运会所有参赛者不可动摇的信念。无论是田径场上激烈的追逐赛，还是角力场上的激烈拼杀，抑或是后来的战车大赛，无一不体现着超越和竞争精神。最让人胆战心惊的莫过于在那种融合拳击和摔跤于一体的“潘克拉蒂奥”运动，搏斗竞争简直达到了血腥恐怖的地步。然而即使面临受伤和死亡的威胁，也不能阻挡竞技者们夺取胜利的决心和勇气。西方传统体育精神之所以强调竞争，是因为古希腊主要是海洋文明为主导的国家，古希腊人在航海贸易中要凭自己的身体能力和智慧战胜恶劣的气候，在战争中要靠自己的体能来战胜对方，在宗教祭祀的竞技活动中要靠自己的速度、力量和技术来夺取胜利。总之，这种以优胜劣汰、个体为本的思想贯穿了西方传统体育精神的主线。

（三）中国传统体育精神尚智，西方传统体育精神尚力

正所谓体育是仪式化的战争，因而在体育中总是充盈着追求胜利、敢于拼搏的战斗精神。“战斗精神是战争中精神力量的主体。人们常用军心、士气、斗志、勇气、胆量、毅力、气节等词汇来描述战争领域的精神现象和军队在战争中的精神品质。这些精神要素综合起来，就是我们今天所说的战斗精神。”[1]胜利是战斗精神的终极目标，因此追求胜利、敢于胜利、善于胜利就成为战斗精神的重要内容。竞技是体育活动的重要特征，但是，中国古代由于先秦诸子对社会道德的极力张扬，强调体育的健身和娱乐功能，在思维方式上就形成了尚智不尚力的体育精神。中国文化的突出特征之一就是尚智谋不尚勇力。中国古代体育在发展的过程中，自然而然地把竞技与智谋结合在一起。孔子说：“暴虎冯河，死而无悔者，吾不与也。必也临事而惧，好

[1] 彭怀东．战斗精神论 [M]. 北京：长征出版社，2004:1.

谋而成者也。”[1]由智谋文化演绎而来的机智博弈精神成了中国传统体育精神的又一重要特征，在中国传统文化中占据重要地位，也是中国传统体育娱乐活动中反映出来的独特精神。

西方体育精神则与中国体育精神刚好相反。西方体育精神强调运动对体形的塑造，对体格的健美，重视对个体外形的锻炼，因此它十分重视身体的外部运动。所以在西方很多的体育活动都在追求力度，需要肌肉的剧烈运动以达到身形的塑造。西方体育精神强调对力量、速度、耐力、柔韧等身体素质的训练，从而促进身体各个部分的协调发展。比如，通过跑步、跳跃、摔跤、体操等方式分别锻炼人体的腿部、手臂、肩胸、头颅等，进而完善个体的身体素质和机能水平。通过体育锻炼使人既获得健美的外形，又获得精神上的充实。同时，西方体育精神重视体育运动方式的力学原理，注重对人体解剖结构和生理机能的研究，重视人体科学，讲求运动规范，追求对抗与竞争。因此，西方体育精神有科学理论的支持，各种体育运动都有明确的竞赛规则，对运动场地、器材设施等也有严格的要求，这些都是与中国体育精神所不同的。[2]

二、中西方传统体育精神的相似之处

中西方体育精神虽然属于两种不同的体育文化体系，但它们之间也存在着相似之处，也正是这些相似之处，才使得中国体育精神与西方体育精神得以交流和融合。二者的相似点主要表现在如下几个方面。

（一）“世界大同”与“和平、友谊、团结、进步”的体育精神的统一

以奥林匹克为代表的西方体育精神提倡“把体育与文化相结合”“为人的和谐发展服务”“建立一个维护人的尊严的和平的社会”“为和平的、更美好的世界做出贡献”。以儒家文化为代表的中国传统文化描绘出的理想蓝图为“天下为公、大同世界”，这不仅与西方体育精神息息相通，而且极大

[1]　刘宝楠．论语正义·述而[M]．上海：上海书店，1986:140.

[2]　程一辉．东西方体育文化的差异及其在学校体育教育中的运用[J]．上海体育学院学报，2004(2)：99-91.

丰富了西方体育精神的内涵。用礼仪来规范和节制人的行为，对于有效地制止体育界滥用禁药、赛场斗殴、贿赂裁判等一系列有悖奥林匹克精神的丑恶行为具有积极的现实作用。

（二）“自强不息”与“更快、更高、更强”的体育精神的一致

西方体育精神的核心是“更快、更高、更强”，表明体育运动永远向前、永无止境，与中国体育精神中的“自强不息”相契合。中国文化倡导“天行健，君子以自强不息”（《易传·象传上·乾》），自强不息是儒家文化的基本精神。正是这种自强不息的精神，凝集、增强了民族的向心力，哺育了中国民族的自立精神以及不断学习、不断进取的精神。中华民族正是靠着这种精神，使自己屹立在世界民族之林，中国体育健儿正是靠着这种精神，走向世界。总之，二者都激励人们不断超越自己、超越他人，展示人们锐意进取、不断创造的精神实质。

通过对体育精神的历史溯源，我们看到了体育精神的形成、发展与中西方国家的社会经济、政治和文化发展紧密联系。不过，需要注意的是，当前我们所提倡的现代体育精神，主要是生长于西方资本主义土壤中的精神文化，因此，它不可避免地具有反哺资本主义社会的精神性质。我们需要警惕打着体育运动与体育交流的幌子进行意识形态的渗透活动。当然，也要看到西方体育精神所倡导的平等自由、公平竞争、健康和谐等理念，拼搏进取、坚持不懈、追求卓越等体育精神，对现代社会发展，尤其对人的全面发展具有重要的意义。为此，我们要在汲取古今中外体育精神精髓的基础上，培养具有世界眼光、适合中国国情、促进民族发展的体育精神。

纵观中西方体育精神的发展历程，其中充满了曲折和复杂，这个过程并不是直线式的上升运动，而是波浪式的地向前推进和螺旋式的上升。经过漫长的历史淘沙之后，现代体育精神日趋完善和成熟，其中的许多内容对人的发展、社会的进步都具有深远的影响，因此，我们应该坚持扬弃的精神推进现代体育精神的进一步发展。

第四章 体育精神的本质与价值

音乐和体育一直是沉思的最好“密室”，是激发思索和想象的最好方法，是坚定恒心的巨大推动力，是“抚慰”意志的柔情。[1]

——皮埃尔·德·顾拜旦

体育精神其实是人类社会赖以健全和发展的基本精神，体育运动的目的就是通过实践来培养和锻炼这种基本精神。[2]

——费孝通

作为一种社会文化现象，体育不是自然而然产生的，它是人在社会实践活动中的创造性产物；作为一种生活方式，体育事关每一个个体，是一项有关每个人身心健康的社会活动，也是人类精神文明发展程度的重要体现。体育精神是体育活动的最高产物，是体育现象中的抽象、内隐之物，是体育的灵魂，是其核心因素。在对体育精神进行理论梳理和历史考察之后，可以明确了解体育精神既是一个历史范畴也是一个社会范畴，接下来我们将围绕体育精神的特点、体育精神的内核以及体育精神的价值展开进一步的分析和探讨，对这些问题的探寻有助于进一步理解和把握体育精神之内涵与外延，有助于进一步澄清体育精神的本质及其价值。

---

[1] 皮埃尔·德·顾拜旦.奥林匹克回忆录[M].刘汉全，译.北京：北京体育大学出版社，2007:64.

[2] 费孝通.清华人的一代风骚[J].读书，1991（11）:3-13.

第一节 体育精神的特点

从体育精神的概念解读中不难发现，体育精神是一个复合概念，它是人们在体育运动中呈现的行为价值观、态度、意志品质以及思想意识的总和。体育精神作为一种社会性、历史性的意识形态的存在，是人类体育活动中精神观念的总括性表述，它是历史生成性的概念，是一个社会历史范畴。因此，把握体育精神必须以其历史生成性为基础，对体育精神特点分析正是建立在这一基础之上的。总体而言，可以从以下三个方面理解体育精神的特点。

一、体育精神的社会性

根据马克思主义哲学的论述，人之为人乃是一种社会性的存在，人的本质绝不是“单个人所固有的抽象物”，在其现实性上，它是“一切社会关系的总和”[1]。体育既是一种社会生活方式、一种社会活动，也是一种社会文化现象，作为其核心因素的体育精神必然具有社会性的特征。

第一，体育精神的社会性是由其本质形态决定的。首先，从体育精神的概念入手，体育精神是一个复合概念，从本质形态上看，是一种体育领域的凝练精神。作为人类精神的一个方面，体育精神必然具有精神的基本特点。在前文对“精神”意蕴的阐释中，发现精神是一种特有的社会现象，是社会的产物，是人们认识和改造世界过程中形成的社会意识的集合。作为一种特殊的社会意识形态，体育精神也是社会发展的产物，是社会活动的不可或缺的组成部分，因而具有社会性。其次，体育是主体性的人的活动，是塑造人的本质的主要力量，它不仅发展着人的自然属性，还影响着人的精神属性。贯穿于体育活动始终，作为体育发展精微内在动力的体育精神，是人类精神的一种特殊形式，是主体性的人在体育活动实践中精神的集中体现。人是“社会存在物”，并在一定的社会关系之中从事着社会实践活动，其生命表

[1] 马克思，恩格斯．马克思恩格斯选集：第 1 卷 [M]. 中共中央马克思恩格斯列宁斯大林著作编译局，译．北京：人民出版社，2012:135.

现是“社会生活的表现和确证”[1]。人的精神是社会现实的抽象，其活动本身就是作为社会存在的人的精神活动。体育精神因人的社会属性必然被打上社会的烙印，广泛地存在于社会之中。最后，体育活动是以运动为基本手段的人类创造性的社会实践活动。体育是随着人类社会的发展而产生发展的，它来源于人的生活，是在人类长期社会实践过程中逐渐发展起来的专门领域。体育精神是体育的最高产物，产生并贯穿于体育实践中，并在体育活动中发挥能动的精神作用，是体育这一社会活动的反映。因此，作为一种特殊的精神形态，体育精神具有社会性。

第二，体育精神与人类社会生活密切联系。体育是来源于人的生活的，其形成与发展“取决于生产力的发展水平”[2]。原始社会生产力水平较低、生产工具非常朴素与简陋，当时人类主要从事以采集、渔猎等依靠自身身体活动为主的生产活动，因此生产劳动在促使“动物动作转化为人的动作”“自然动作转化为身体训练”方面起决定性的作用[3]；而伴随着生产力水平的提高，人类生产方式的不断发展，交往方式的进一步扩大，体育与生产劳动相分离，成为独立的、完整的科学体系，并逐渐走向科学化、系统化及全球化。在马克思哲学视野中，社会生产方式制约着整个社会生活和精神生活的过程[4]。因此，作为人类精神一个重要方面的体育精神，与人类社会生活密切联系，以社会生产和交换方式为基础，是社会性的存在，它通过体育实践活动，反映从物质世界到精神世界、从体育活动到思想观念的各种社会关系，满足了人类身体及精神上的需要。

第三，体育精神的影响力源自其社会渗透性。体育一词不仅指各种具体的体育活动，更蕴含着抽象性的、内隐的体育精神，两者统一构成了完整意义上的体育。体育精神充满生命力，具有强烈的渗透性，正是体育精神所散

[1] 马克思，恩格斯.马克思恩格斯全集：第 42 卷[M].中共中央马克思恩格斯列宁斯大林著作编译局，译.北京：人民出版社，1979:122-123.

[2] 范英.精神文明学论纲[M].北京：中共中央党校出版社，1990:121.

[3] 全国体育学院教材委员会.体育史[M].北京：人民体育出版社，2000:8.

[4] 马克思，恩格斯.马克思恩格斯选集：第 2 卷[M].中共中央马克思恩格斯列宁斯大林著作编译局，译.北京：人民出版社，1995:32.

发出来的迷人魅力吸引着人们积极参与体育活动。一方面，体育精神是内隐的，蕴含于主体性的人的体育活动之中，内化于体育主体，不仅表现为个体的人在体育活动中的精神气质、态度，其生命力更体现在这种精神品质对于个体其他社会实践活动也具有渗透性的迁移价值；另一方面，体育精神作为一种特殊的社会意识形态，还渗透于各种体育法规与规定、各种体育文化产品之中，其以一种潜移默化的方式引领着体育领域的健康发展。

二、体育精神的历史性

体育精神并非静态的、凝固的存在，而是受人类社会生产方式与交换方式的制约，“因势而动、因时而变”的、具体的、历史的演变过程。体育精神与社会历史演进紧密相连，在不同的社会历史条件下体育精神各有不同，它随着历史发展不断丰富、演变。正如上一章历史溯源中描述分析的那样，体育精神的发展是不断丰富历史积淀与传承的过程，这使得体育精神具有浓厚的历史色彩。历史传承性是体育精神发展的基本规律，其包含着以下三个方面的内容。

一是体育精神是一个社会历史范畴。通过对体育精神萌生及发展的追溯，每一个时代的体育精神作为一种理论思维“都是一种历史的产物”[1]，不管是体育精神的主体还是体育精神本身，都不是“本体论上”的“现成事物”，而是“历史性的存在方式”[2]。体育精神是一个历史性的概念，它是在人的社会历史基础上生成的，不是一经产生便亘古不变的固定之物，其内涵也随着人类社会实践发展而不断演变与丰富，从而引领并推动体育事业的发展。

二是体育精神的发展是对以往体育精神的扬弃。体育精神的历史性还表现在，现在的体育精神是由过去塑造的，每个时代都会通过扬弃的方式，批判吸收使之得以继承延续。体育精神的发展是以物质生产与物质交换的发展为基础的，这是马克思历史观重要的基本原理。譬如，在私有制社会中，作

[1] 马克思，恩格斯．马克思恩格斯选集：第2卷[M]．中共中央马克思恩格斯列宁斯大林著作编译局，译．北京：人民出版社，1995:32.

[2] 汉斯－格奥尔格·加达默尔．真理与方法[M]．洪汉鼎，译．上海：上海译文出版社，1999:336.

为体育精神重要内容表现的“骑士精神”在封建社会与资产阶级统治时期，人们对它有着不同的理解与诠释。在封建手工业生产方式与自给自足的简单交换方式的影响下，封建社会等级制必然导致对荣誉与忠诚的强调，贵族统治时期的中世纪骑士精神的主要内容便是崇尚荣誉、忠诚、保护教会、保卫祖国、保卫弱者与异教徒血战到底的勇敢精神[1]。在资产阶级统治时期商品生产与交换成为主要内容，这种生产方式与交换方式的重大变更导致占统治地位的思想观念变成了“自由”与“平等”，因而在现代社会骑士精神被解读为勇武、无私奉献以及费厄泼赖的公平竞争精神，在这一历史发展过程中那种以忠诚、荣誉维护等级制的内容逐渐被历史淘汰了。

三是体育精神的发展史与人类精神文明发展史相交织。体育精神本身就是人类精神文明百花园中的一枝，它的发展同人类社会发展相交织，不可能将其与人类社会历史发展相割裂。

三、体育精神的民族性与世界性

体育精神具有民族性的特点，即体育精神因地域文化的不同而有差别，这种地域性差别使得不同民族对体育精神及其具体内容有不同的理解，这就是体育精神的特殊性。通过中西方体育精神的历史梳理与考察，受自然环境、社会文化及生产力发展状况等因素的影响与制约，体育精神呈现出鲜明的地域特色及民族文化特征。古代中国是典型的农业社会，以自给自足的手工工具耕种生产为主，加之长达几千年的封建等级制度的影响，形成了中国人内敛、保守及谦卑的民族性格特征，形成了内秀的、深沉的文化特征。这种文化传统，影响着人们在体育中的精神状态与行为方式，中国历来重神轻形、重内修轻外展、重文轻武，因而中国传统体育强调天人合一，形成了重健身养生，以游戏性、娱乐性为主的体育精神。这种民族性是中国体育文化区别于其他民族体育文化的根本标志。当然，受生产力及人类交往方式不断发展的影响，民族性体育文化及体育精神也在发生着变化，但在相当长的历史时期内，这种民族性不会消失。

[1]　倪世光．西欧中世纪骑士的生活 [M]. 保定：河北大学出版社，2004:51-57.

然而，体育精神除了具有民族性的特点之外，更重要的是它还具有世界性的特点，它是全人类所共有的。伴随着生产的发展和人类交往的扩大，地域范围的扩展和地理流动加速了文化地缘性界限的消除，加速了体育全球化的趋势。正如马克思主义认为的那样，随着生产力的巨大增长和高度发展，人类交往不断扩大，普遍化的、世界化的交往得以建立，最终“每一个民族都依赖于其他民族的变革”，民族性逐渐为世界历史性所取代，“地域性的个人为世界历史性的、经验上普遍的个人所取代”[1]，地域性将向世界历史性转变。在这种打破地缘空间限制和地域文化壁垒的全球化进程中，伴随着不断的冲突与融合，体育精神成为一个共识性的概念，它包含着“普世”的内容，这也是不同地域、民族及国家进行体育交流的基础，更是奥运会这一世界性盛会得以开展的基石。

第二节　体育精神的内核

所谓内核，是指事物的核心与精髓。体育精神的内核正是在漫长的历史长河之中不断地扬弃、凝练、丰富与发展，从而得以确认，并且逐渐明晰。有学者认为体育精神主要包括“人本精神、英雄主义精神、公平竞争精神、团队精神”，它们分别反映了体育在“健康快乐、挑战征服、公平竞争、团结协作”这四个方面的价值标准”[2]。也有学者将奥林匹克精神作为现代体育精神的代表，认为：“其核心表现是公正竞争和友爱、和平拼搏精神。”“体育精神的基本内容可以概括为和平友爱精神、刻苦务实精神、公平正直精神、自强拼搏精神、自主创新精神、自我实现精神。”[3]不难看出，在不同的学者眼里，体育精神内涵不同，但其精神实质却有相通之处。

在梳理各个时代体育精神，探寻社会历史发展规律的基础上，本书认为

[1]　马克思，恩格斯．德意志意识形态 [M]. 中共中央马克思恩格斯列宁斯大林著作编译局，译．北京：人民出版社，2003:30.

[2]　黄莉．中华体育精神研究 [M]. 北京：北京体育大学出版社，2008:25.

[3]　黄晓华，黄晓春．体育精神的哲学思考 [J]. 成都体育学院学报，2007（4）:31-33.

以人为本的人本精神、强身健体的乐生精神、积极主动的参与精神、公平正义的竞争精神、集体主义的团队精神、遵纪守规的道德精神和更快更高更强的超越精神共同构成了体育精神的内核。这些精神产生的意义并不局限于体育活动中，其散发的魅力不仅感染着体育实践中的人，更跨越地域与时间的限制影响着世人，给人以无穷的精神力量。

一、以人为本的人本精神

文艺复兴以来，高扬人的价值、重视人的力量成为现代社会共同遵守的准则。所谓以人为本的人本精神，是指体育运动中第一要素是人，是尊重并满足人的需要、彰显人的价值、促进人的全面发展的思想意识的总和。人本精神是体育精神的精髓，贯穿体育活动及体育运动的始终。人本体育精神主要体现在以下几个方面。

第一，人本体育精神反映了人类生产生活实践的需要。马克思认为，人的需要是与人的本质紧密相连的。劳动是人类的本质，正如恩格斯在《劳动在从猿到人转变过程中的作用》一书中所言，“劳动是整个人类生活的第一个基本条件，而且达到这样的程度，以致我们在某种意义上不得不说：劳动创造了人本身”[1]。这就是说，“人类劳动是一个过程，就是人通过劳动实践改造客观世界的过程，即人的本质力量的对象化过程”[2]。体育在满足人的生存需要的劳动中产生。“人类通过劳动的过程，在认识自然的同时，也改善了自身劳动生理机能，劳动导致了人类产生了对自身动作技能的需要，并在这过程中使人的体质日趋完善，手脚愈来愈灵巧，人的肢体动作也愈来愈丰富多彩和生动优美。劳动创造了人，劳动创造了人类社会，体育也在劳动中得以萌芽。”[3]

第二，人本体育精神极大地彰显人的主体性价值。马克思非常重视人的价值，他在《关于费尔巴哈的提纲》一文中指出，“从前的一切唯物主

[1]　马克思，恩格斯．马克思恩格斯选集：第 2 卷 [M]. 中共中央马克思恩格斯列宁斯大林著作编译局，译．北京：人民出版社，2012:988.

[2]　范英．精神文明学论纲 [M]. 北京：中共中央党校出版社，1990:165.

[3]　饶远，陈斌．体育人类学 [M]. 昆明：云南大学出版社，2006:51.

义——包括费尔巴哈的唯物主义——的主要缺点是：对对象、现实、感性，只是从客体的或者直观的形式去理解，而不是把它们当作人的感受活动，当作实践去理解，不是从主体方面去理解”[1]。他认为，旧唯物主义仅仅看到了主体的客观实在性，还应该看到人作为实践主体的主体能动性。体育活动本身是人本质力量外化的体现，人本体育精神凸显了人的主体性价值。作为一种实践活动，体育活动本身逐渐从自为阶段发展到自主阶段，最后到达自觉阶段。人类历史早期，体育活动是人们生产生活实践活动的自然要求，人们为了更好地适应自然而不断奔跑，提高自身素质。随着生产力的发展和物质生活的丰富，人们逐渐衍生出侵略及精神生活的需要，战争、游戏、运动成为早期体育实践的表现形式。近代以来，伴随科学技术的发展及生产力的极大提高，人们对生活、健康、实践有了更高的要求，体育活动逐渐成为人们有意识、有目的、有计划的行动，体育活动中人的主体性价值不断彰显。

第三，人本体育精神的归宿在于促进人的全面发展。人类一切活动的宗旨在于促进社会进步的同时实现人的解放和全面发展。正如马克思在《共产党宣言》中热情讴歌的未来理想社会一样，“代替那存在着阶级和阶级对立的资产阶级旧社会的，将是这样一个联合体，在那里，每个人的自由发展是一切人自由发展的条件”[2]。所谓人的全面发展，不仅仅指人的智力发展，更指人的体力发展。换句话说，人的全面发展就是我们常说的人的“德、智、体、美、劳”的发展。体育作为提升人体机能的重要实践活动，是保持人体健康、促进人们开展正常生产生活实践的重要基础。在体育实践中发扬人本体育精神，既有助于增强人的体质，增强人的劳动素质和技能，又有助于陶冶人的情操，培养人的审美情趣。因此，人本体育精神的目的在于促进人的全面发展。

二、强身健体的乐生精神

法国人本主义思想家蒙田说过：“健康的价值，贵重无比。它是人类

[1] 马克思，恩格斯．马克思恩格斯选集：第 1 卷 [M]. 中共中央马克思恩格斯列宁斯大林著作编译局，译．北京：人民出版社，2012:137.

[2] 马克思，恩格斯．马克思恩格斯选集：第 1 卷 [M]. 中共中央马克思恩格斯列宁斯大林著作编译局，译．北京：人民出版社，2012:422.

为了追求它而唯一值得付出时间、血汗、劳动、财富——甚至付出生命的东西。”[1]健康是无价的，它是事业成功发展的基础，是家庭和谐幸福的关键。所谓强身健体的乐生精神，是指体育活动中人们坚持锻炼身体、强健体魄、涵养身心、促使心灵和谐的养生乐生态度和价值取向。强身健体的乐生体育精神主要体现在以下几个方面。

第一，增强人的体质的体育锻炼活动。“生命在于运动”，运动能增强人的体质，使人身体健康。世界卫生组织、国际体育医学委员会和体育运动健康委员会，曾共同发表了《为健康而运动》的声明，倡议并宣传“终身运动”“全员运动”的思想，并指出所有人都应把运动锻炼作为每日必须进行的一项活动，天天运动锻炼是健康生活方式的基础。强身健体的乐生精神影响下的人会经常开展体育运动，如走、跑、跳、投、平衡、攀登等，这些运动能“改善血液循环，增强心血管功能，防止动脉硬化，促进新陈代谢，加快营养吸收，加强骨骼肌肉的脂代谢，并通过神经系统作用的增强，提高免疫功能”[2]。与此同时，这些运动无形之中又增强了人的心肺功能，提升了人的速度、力量、耐力、柔韧性和灵敏性，从根本上提高了人体素质[3]。

第二，促进身心脑放松的体育休闲运动。有研究表明，静止不动是一种抑制剂。心理学家和精神病学专家相信，体育锻炼是治疗抑郁症的重要方法。当前人们的社会生活节奏越来越快，人们的生活压力和工作压力越来越大，这已经是一个不争的事实。在此背景下，体育休闲运动的价值逐渐凸显。它不仅有益于人的身体，更有益于放松人的心情、调节人的情绪、振奋人的精神。因而，人们普遍认为，体育休闲运动是调整并顺应生活节奏的重要手段，是化消极、被动的“休息观”为积极的体质投资的休息方式，它具有消除疲劳和放松心情的双重功效。例如，当前人们喜欢的瑜伽、太极、冥想等舒缓性体育休闲运动就能极大地释放人体压力，促进肾上腺素的释放，让大脑恢复平静，保持清醒。正如美国生物学家鲍勃·达斯特曼做的一个实

[1] 于文明，张秀红．医学专家谈健康[M]．合肥：安徽人民出版社，2003:2.
[2] 于文明，张秀红．医学专家谈健康[M]．合肥：安徽人民出版社，2003:56.
[3] 注：达尔文在自然进化理论中所提到的，人类作为一种自然进化物所保留下来的“原始自然能力”.

验，一组老年人运动后比运动前的反应更灵敏，智商更高[1]。

第三，形神合一的体育养生活动。在中国，《吕氏春秋·尽数》曰："形不动则精不流，精不流则气郁。""动则不衰"是中华民族养生、健身的传统。在西方，体育运动也是一种乐生方式，正如顾拜旦所言，"奥林匹克精神致力于让社会底层的人们接触到现代工业所塑造的各种锻炼形式，享受到强身健体的乐趣"[2]。在历史发展的长河中，人们知死而乐生，根据"静以养心""动静结合""刚柔并济"等原则，创造、培育及传承了多种养生、乐生的运动。仅拿自然养心运动而言，人们就发明了健身操、健身舞、太极拳、气功、交替运动、返祖运动、有氧运动、仿生运动、眼球运动、特殊呼吸运动等多种养生运动。如亲近大自然的林间扎营法、漫步田园的休养身心法、漫步草原的踏青法、迎接晴日的阳光浴、海滨游泳沙蒸法、洞穴疗法等都是不错的乐生活动。在这些活动中，人们通过对体育活动的积极参与，增添了对自然、对社会、对环境的热爱，既促进了自身健康，又促进了身体和心灵的统一，更促进了社会的和谐发展。

三、积极主动的参与精神

马克思不仅肯定了人的客观性，更指出了人的主观能动性。恩格斯曾指出了人的主观能动性对大自然的影响，"自然主义的历史观，如德雷帕和其他一些自然科学家或多或少持有的这种历史观是片面的，它认为只是自然界作用于人，只是自然条件到处决定人的历史发展，它忘记了人也反作用于自然界，改变自然界，为自己创造新的生存条件"[3]。所谓积极主动的参与精神，是指人们在体育活动中表现出来的对运动的积极思维、对运动的强烈渴求和对运动实践的主动参与的态度和行为价值取向。积极主动的体育参与精神主要体现在以下几个方面。

[1] 于文明，张秀红．医学专家谈健康[M]. 合肥：安徽人民出版社，2003:64.

[2] 国际皮埃尔·德·顾拜旦委员会．奥林匹克主义——顾拜旦文选[M]. 北京：人民体育出版社，2008:152.

[3] 马克思，恩格斯．马克思恩格斯选集：第3卷[M]. 中共中央马克思恩格斯列宁斯大林著作编译局，译．北京：人民出版社，2012:922.

第一，对运动具有强烈的渴求。人类的实践总是能够在人脑的经验意识、各种知识与对所欲事物的无限渴求中创造未来。正如美国心理学家爱默比尔所言，“内在动机原则是创造力的社会心理学基础”“当人们被工作本身的满意度和挑战所激发，而不是被外在压力所激发时，才表现得最有创造力”[1]。体育运动也是如此。只有对健康的无限追求，对生命的无限重视，对运动的无限渴望，才会激发人自身强烈的体育锻炼动机，并影响身边的人参与体育锻炼活动，营造出积极主动锻炼的体育运动氛围。为此，积极主动的体育锻炼行为而非命令施压式的逼迫锻炼更能激发人们对体育运动的欲求。

第二，运动中的积极思维活动。体育运动是一项耗体力的实践，活动过程中若没有积极的运动思维的牵引与调节，体育运动实践将不能顺利地展开、完成。因为思维是智力活动的核心，也是影响人行为的重要因素。人们只有在，诸如“每天锻炼一小时，健康生活一辈子”等积极运动思维的引领下，才能最大限度地调动运动欲望。在体育运动欲望的刺激下，人们的主体性参与意识才会极大地增强，由此激发人们相应的运动行为。在这些运动实践中，人与人之间的关系、人们自身的主动参与度将直接影响体育实践的成效。积极的运动思维不是凭空产生的，它是良好的体育运动氛围、积极的体育运动热情、较高的体育参与能力等因素共同作用的结果。积极的体育运动思维有助于克服人们的依赖心理和懒惰心理，使体育实践活动顺利展开。

第三，积极参与体育运动实践。参与是个体认识活动与实践活动的过程和基本形式，积极参与体育运动实践是人的主观能动性的重要体现。体育实践活动作为人们主体参与精神的行为表现，是人们形成运动欲望、培养积极的运动思维的基础和源泉。人们通过积极参与体育实践活动，可以增强对体育活动的感性认识，进一步深化对体育运动的理性认识，从而促进体育实践活动的良性运转。积极参与体育运动实践具有重要作用。它可以将体育理论与实践结合起来，让人们亲历体育运动的快乐，从中获得深切的心理和生理

[1] 中央教育科学研究所．2005/2006 中国基础教育发展研究报告 [M]. 北京：教育科学出版社，2006:86.

体验，进而产生积极的情感，激发对体育运动的欲望，充分调动人们参与运动的热情，形成良好的运动习惯、运动意志、运动情感和自我锻炼意识等非智力因素。积极参与体育运动实践要切忌不看成效只图表面热闹，要注重提高人们参与的深刻性、有效性、全面性、层次性和可持续性。正如顾拜旦所言："体育运动，人人参与成了新的口号，它毫无乌托邦色彩，我们要为实现这口号而奋斗。"[1]

四、公平正义的竞争精神

哲学家罗尔斯说过："正义观念和善观念是一致的……正义观只是一种理论，一种有关道德情感的理论，它旨在建立指导我们的道德能力，或更确切地说，指导我们的正义感的原则。"[2]也就是说，"正义"是与道德情感相关的历史性范畴，是人类社会一直努力追求的方向。公平竞争是人类活动的任何领域的竞争所崇尚的原则，它所体现的是一种规则的中立性，是对活动主客体价值的肯定。

体育活动以公平正义为保障，公正是体育活动得以开展、体育精神得以形成的前提条件。竞争更是竞技体育的生命力所在。公平是竞技体育的道德准则，是竞技体育的价值所在，公平竞争是体育精神的应有之义。1983年，国际奥委会在颁布的公平竞争宪章中规定："公平竞争作为运动员的道德行为准则，维护人类的尊严，尊重生命和自然，应成为体育活动的核心。"[3]

所谓公平正义的竞争精神，是指人们在体育活动，尤其是竞技体育中所展现出来的勇于拼搏、积极进取的价值观、态度和品质。公平正义的体育竞争精神[4]，主要体现在竞技体育的过程中，表现为参赛资格的平等、比赛规则的公平、所获荣誉的平等三个方面。

第一，参赛资格的平等。竞技体育是人类高级的社会竞争形式，参赛资

[1] 国际皮埃尔·德·顾拜旦委员会．奥林匹克主义——顾拜旦文选[M]．北京：人民体育出版社，2008:162.

[2] 约翰·罗尔斯．正义论[M]．何怀宏，译．北京：中国社会科学出版社，1988:45-47.

[3] 班秀萍，郑树文．奥林匹克道德启示录[M]．北京：北京体育大学出版社，2007:279.

[4] 注：在体育竞赛中，公平正义精神也称为"费厄泼赖"精神．

格平等是体育的历史传统，也是竞技体育的内在要求。只有在相同的运动规则下参赛，享受同等的权利，才能体现竞技体育的宗旨，展现人们的真实体能。也就是说，体育竞赛中没有国别、种族、性别、信仰上的歧视，每位参赛者的身份都是一样的，都是参赛主体，都是运动员，在起跑线上没有优先的位置。在竞赛的过程中，运动员都能够在规则范围内保持良好的心态，发挥自己的聪明才智，运用熟练的技能精彩地展示自己。

第二，比赛规则的公平。竞争是竞技体育运动健儿的天性，“它总是包含着身体的努力（包括体力和智力），没有这个特征，就不成其为体育”。[1]但是竞技体育的竞争是文化性非暴力竞争，也是公平性竞争。这意味着参赛者在赛场中接受相同的裁判，按照相同的规则接受奖惩。

第三，所获荣誉的平等。“体育就是荣誉，但荣誉公正无私。”[2]竞技体育中参赛选手根据比赛成绩获得与之相匹配的荣誉奖励。比赛结束后，优胜者获得荣誉，这种荣誉是对他们“更快、更高、更强”的体育天赋和体能潜力的肯定，也是对其训练所付出的艰辛努力的回馈。

五、集体主义的团队精神

任何一项实践活动，“没有英雄的团队是不能取得胜利的，但胜利又不是一个人就可以决定的。没有团队协作，就不可能取得胜利”[3]。体育活动也是如此。虽然中西方体育文化在团队合作的方式、持续时间、动机等方面有所不同，但体育活动的产生均源于人与人之间交往的需要，体育成绩的取得都离不开团队合作，体育精神正是在人与人之间的精神互动中得以孕育。所谓集体主义的团队精神，是指人们在体育活动中所表现出来的团队合作、分工协作的行为倾向、态度和品质。当前，集体主义的团队精神是一种普遍的体育精神，在体育赛事、体育群体性活动中得以发扬、传承和传播。具有体育精神的团结合作范围，既包括广义上的世界各国在体育竞争中的合作，也包括一个国家内具体团队的合作。由此，根据体育活动团队的范围和作用的

[1]　曹湘君．体育概论 [M]. 北京：北京体育大学出版社，1995:53.
[2]　熊晓正，陈剑．奥林匹克大全 [M]. 北京：人民日报出版社，2008:342.
[3]　刘湘溶，刘雪丰．体育伦理：理论视域与价值范导 [M]. 长沙：湖南师范大学出版社，2008:235.

不同，将体育运动中集体主义的团队合作分为两类。

第一，国内体育团队合作。国内体育团队合作包括两类：一类是体育运动合作，另一类是体育活动辅助合作。所谓体育运动合作，是指团队运动员之间的合作，如乒乓球和网球队伍里的相互合作，由陪练专门研究自己服务的运动员和所要战胜的对手，强化运动员的薄弱环节训练，有意识地对运动员施加直接影响，以更快地提高运动员的成绩。所谓体育活动辅助合作，是指运动员和非运动员之间的合作。这种非运动员的范围很广，既包括团队内的科研人员、后勤人员，也包括场内外的亲友团、观众和粉丝等。仅以运动员和科研人员的合作为例，每一个运动员单独完成的运动项目背后都有一个科研团队，他们在运动员训练过程中详细记录他们的表现，在运动员休息的时候，分析上述记录，决定运动员此后的运动负荷量，并根据运动员的赛场表现，随时制定策略将运动员的精神状态调至最佳。

国内体育团队发扬集体主义的团队精神具有重要优势。一方面，团队内非运动员的组成人员各司其职又相互照应，如陪练、科研人员、营养师等在运动员背后默默支持，为运动员提供技术上的支持和后勤上的保障；另一方面，在长期的训练中运动员之间在思维方式、价值观念、信念以及行为方式上都会趋于一致，产生高度的默契，使每一个运动员都对团队产生归属感，在此基础上激发运动员的潜能，使其在自己的位置上充分发挥技术特长，承担起自己的责任，从而增强团队的战斗力，达到“1+1>2”的效果。

第二，国际体育团队合作。随着经济全球化和科学技术的快速发展，国与国之间的交流日益频繁，“地球村”正在搭建。世界各国在体育竞争中的合作也日益增多。国家之间的体育竞争不仅能推动世界各国在体育上的交流与合作，而且能推动各国在政治、经济、文化上的交流。以奥林匹克运动会为例，奥林匹克运动会是世界上最大的体育盛会，它的宗旨、格言、精神和名言都具有代表意义。“奥林匹克运动的宗旨是通过开展没有任何形式的歧视并按照奥林匹克精神——以相互理解、友谊、团结和公平比赛精神的体育活动来教育青年，从而为建立一个和平而美好的世界做出贡献。”[1]奥林匹克

[1] 孔繁敏．奥林匹克文化研究 [M]. 北京：人民体育出版社，2005:21.

标志由五个奥林匹克环组成，五环代表五个洲，从左到右相套接，象征着各国通过体育运动求同存异，淡化意识形态，缓解政治上的对立和矛盾，加强文化上的交流。

国际体育团队对集体主义的团队精神具有更高要求。这是因为国际体育团队成员来自不同的国家，队友之间有不同的文化习惯和动作规范，需要有一个生理和心理的磨合过程。在激烈的体育竞争中，国际体育团队竞赛不仅仅是个人、集体之间竞技上的交锋，更是各个团队内部成员在思想与情感上的交融。这种交融包括对竞争对手的礼貌与尊重、对队友的信任与配合。以NBA的一个球场战略为例，球星乔丹在前期几场比赛中，个人得分最高，但全队却大多输掉比赛。针对此种情况，教练果断调整策略，鼓励队员们团队协作，以乔丹为核心，充分发挥每一位队员的能力。最后，虽然乔丹的个人得分比降低了，但整个球队却连续三年取得NBA 总冠军。

六、遵纪守规的道德精神

体育精神是人类社会所特有的一种社会现象，正如马克思经典论断所言，“人的本质不是单个人所固有的抽象物，在其现实性上，它是一切社会关系的总和”。[1]为协调人与人之间的多重复杂关系，人们会以法制和道德的形式达成共识。体育活动是人的实践活动，因此它也必然遵循契约精神。所谓遵纪守规的道德精神，是指在体育实践中人们恪守相关法律法规、活动规则明细的行为价值观、态度、意志品质和思想意识的总和。遵纪守规的道德精神主要体现在以下几个方面。

第一，遵守体育活动的法律法规。天下之大，“无规矩不成方圆”，体育运动也是如此。体育运动的这种“规矩”首先指奥林匹克精神和国家法律法规，其次指全人类须共同遵守的原则。体育运动尤其是大型体育竞赛实则是一项耗资巨大的系统工程。以2008年北京奥运会为例，我们秉承国际奥委会提倡的精神，遵守国家法律法规，提倡三大理念——“绿色奥运、人文

[1] 马克思，恩格斯．马克思恩格斯选集：第 1 卷 [M]. 中共中央马克思恩格斯列宁斯大林著作编译局，译．北京：人民出版社，2012:135.

奥运、科技奥运”，向世人呈现了无污染、无公害、团结与和平、平衡与和谐、进步与发展、公平与公正、科学与生态的可持续发展的奥运会。人与自然是相互依存的，我们需要发展绿色奥运。因为可持续发展主张社会效益、经济效益、环境效益的和谐统一，主张在人类文明进步中处理好局部经济发展与整体生态系统的关系，处理好人类当前利益与长远利益的关系。

第二，遵守体育活动的规则明细。体育运动需要遵守体育规则，“需要以公正的、统一的规范和规则对不同的竞技主体的活动进行肯定、限定或否定，从而在竞技活动中对各主体的竞技行为和结果予以公正的、符合实际的评判和认定”。[1]规则公平、公正、公开，并与时俱进地得到不断的修改和完善，网球“鹰眼”技术和田径、赛艇、皮划艇项目中高科技设备的运用，更是在技术层面上为规则的公平性提供了保障。规则面前人人平等，“体育运动中，你和你的对手公平竞技，他就在现场，同一时间和你站在同一场馆，拥有同样的观众，面对同样的裁判。任何人走上胜利的奖台时，都会被一起比赛的选手包围，首先接受失利者们的祝贺”。[2]遵守体育活动的规则明细是克服当前竞技体育异化的根本原则。

第三，高扬人道主义的体育精神。国民性、群众性体育运动冲突性较少，人们之间的运动关系较为和谐。因此，人道主义的体育精神主要体现在竞技体育赛场上。人道主义的体育精神是体育精神的重要内容。它展示了人类文明程度和社会发展水平，并主要体现在人们对参赛选手的态度上。人道主义体育精神的发扬，在于唤起“美和尊严”，[3]在于人们不仅会为获胜者呐喊，也会为失败者鼓掌。因为“参与比取胜更重要”的信念不仅是体育大赛坚持的理念，更应该根植于大多数参赛选手及观众的骨髓。体育盛会考查的不仅仅是人类体能的训练，更是运动员对待竞争对手的态度与风范。因此，赛场上友好善待竞争对手的运动员，获得的优秀成绩会迎来人们真诚的欢呼与赞美；即使与奖牌失之交臂的运动健儿，那种坚持到底的精神、那种永不

[1] 颜天明.竞技体育的价值研究引论[D].北京：北京体育大学，1999.

[2] 赛莫斯·古里奥尼斯.原生态的奥林匹克运动[M].沈健译，上海：上海人民出版社，2008:153.

[3] 皮埃尔·德·顾拜旦.奥林匹克理想——顾拜旦文选[M].詹汝琮，邢奇志，等，译.北京：奥林匹克出版社，1993:76.

言败的决心、那种得失坦然的大度是对友善和谐体育精神的最好诠释，其所具有的高贵品质同样熠熠生辉。

七、更快更高更强的超越精神

《易传·象传上·乾》云：“天行健，君子以自强不息，地势坤，君子以厚德载物。”国际奥委会的指导思想是“生活中重要的不是凯旋而是奋斗，其精髓不是为了获胜而是使人类变得更勇敢、更健壮、更谨慎和更落落大方”。[1]上述思想启示我们，人类活动，包括体育活动在内，最重要的是不断突破极限，不断超越自我。所谓更快更高更强的超越精神，是指在体育活动，尤其是竞技体育活动中，人们最大限度挖掘自身潜力，勇于挑战，不断突破自我的行为价值观、态度、意志品质。这种更快更高更强的超越精神主要体现在以下几个方面。

第一，体育活动中勇于挑战极限。“人生的价值，不在于凯旋，而在于奋斗；人生的精髓，不在于征服，而在于勇敢拼搏。”[2]体育运动是对人类身体素质的综合考量，因而要求人们在体育活动中不断发掘潜能，挑战极限，展示人的力量。体育活动对人类极限的挑战，主要表现在体育竞赛中。“不想当将军的士兵就不是好士兵”“不想拿冠军的运动员就不是好运动员”。运动员赛前要接受高强度的基础训练和专项训练，在训练中要面对多重考验，如训练中要不断调节体内反应，清晰自己的承压点和突破点，更好地了解自身的长处和短处。在比赛中，运动员要快速适应环境，能承压、敢负重、有毅力、肯突破，最大限度地挖掘自身体育潜能，打破纪录。

第二，体育活动中勇于超越自我。体育精神最显著的特点在于不断超越自己，挖掘自身潜力，展示人的力量。以奥林匹克运动为例，它的格言是“更快、更高、更强”。这句格言含义丰富，它不仅指在竞技场上要不断拼搏，克服自然带给我们的种种束缚，最大限度地挖掘自身潜力，而且激励人

[1]　陈彦，关维涛．话说奥运——奥运之光（公元前776年—公元1896年）[M]．沈阳：东北大学出版社，2011:96.

[2]　国际皮埃尔·德·顾拜旦委员会．奥林匹克主义——顾拜旦文选[M]．北京：人民体育出版社，2008:77.

们在生活、学习和工作中保持良好的精神风貌，从纵向上和横向上不断超越自我和他人，并在超越中获得成就感，实现个人价值。

第三，体育活动中精神不断升华。体育活动的意义不在于结果，而在于过程，在于最终使“体力和精神融为一体”的过程。体育活动的考验不仅有来自身体的，还有来自心灵的。因此，体育精神不仅强调体形、体能、体魄上的超越，更注重心态、心性、心灵和精神的升华。这种精神上的超越和升华体现在两个方面：一方面，“超越”意味着不仅在肉体上超越对手、超越纪录，还要在精神上超越人性的弱点，超越偏见，超越地域、种族、国家的界限，追求人类共同的价值，即正义、平等、友爱、进取；另一方面，体育精神中的超越不仅是超越对手，更是在情感上、意志上超越自己，克服自己的畏惧心理，塑造顽强拼搏、自强不息的精神品质。

第三节 体育精神的价值

天下文明，人文化成。体育精神作为一股精神力量，除具有精神的一般价值以外，还具有多维价值。体育精神的这些价值主要表现在以下几个方面。

一、体育精神的道德价值

道德是人类现实生活中由经济基础决定的，以善恶标准评价的，依靠人们的内心信念、传统习惯和社会舆论所维系的一类社会精神现象[1]。所谓体育精神的道德价值，是指体育精神本身所具有的道德倾向性对社会和个体的影响，这种影响是体育活动所要达到的人文目的。不同的道德价值追求可以折射出体育精神的优劣。良好的体育精神主要有引领人们树立科学的义利观、引导人们迸发积极的进取动力、惩戒人们不良的功利主义倾向的道德价值。

（一）引领人们树立科学的义利观

《礼记·中庸》云：“道也者，不可须臾离也；可离，非道也。”意

[1] 范英．精神文明学论纲 [M]. 北京：中共中央党校出版社，1990:141.

指人生在世，道德的重要性。体育精神具有较强的道德义利观的教育价值。体育精神会规定人们“应该”做什么，“不应该”做什么，怎样做是“善”的，怎样做是“恶”的，帮助人们在体育活动中以科学的义利观为导向，赢取胜利。比如，体育精神提倡公平竞争，它要求选手均以“平等”为核心，不分国家、不分阶层、不论贫贱的运动员都可以参赛。同时所有参赛者在权利和义务上均等，组织者提供统一的参赛条件，即在同一地点、同一天、同样的外部环境下参与竞赛，统一接受裁判的判罚。更为重要的是，体育精神要求各参赛选手以重在参与之心进行体育竞争，不可为了获取胜利而不择手段，如使用兴奋剂或贿赂裁判，一经发现直接取消参赛资格和所取得的荣誉。这样就会给运动员、场内外观众以较强的义利价值引导，使人们拥有基本的善恶是非评判标准，让人们在享受体育盛宴的同时受到运动员高尚的道德情操的引领和精神的洗礼与升华，达到良好的教化效果。

（二）引导人们迸发积极的进取动力

体育精神的力量实质上是一种精神动力，“精神动力本质上是指导和推动人们改造客观世界和改造主观世界的精神能动作用的集中体现”[1]，也就是说，在一定条件下，精神在人们改造世界的过程中起着巨大的推动作用。世界级的体育赛事是一种特殊的人类活动实践，参赛人员多、辐射面广、影响力大。在体育赛事中所践行的体育精神对人们的主客观世界的影响是不可估量的。体育精神包含公平正义、团结协作、敢于超越、友善和谐等，这些精神本身是一股积极的正能量，既能促进人们积极地改造主观世界，又能促进人们更好地改造客观世界。在人们改造主观世界的实践中，体育精神通过体育赛事，能最大范围地展现运动健儿的超越勇气和拼搏精神，可以现场激发人们参与体育活动、体育锻炼的热情；同时，体育赛事中所折射出来的精神，如团结协作精神、敢于超越精神、爱国主义精神等，会潜移默化地影响人、感染人，从而提高人们的思想道德素质，激发人们的进取精神。辩证唯物主义认为，精神在一定条件下可以转化为物质。体育精神在人们改造客观

[1]　骆郁廷．“精神动力”范畴分析 [J]. 武汉大学学报：社会科学版，2003（4）:56.

世界的实践中也扮演着重要角色。体育精神通过提高人的自身素质，来推动生产力的发展。众所周知，生产力是经济生活中的一个重要因素，而在生产力的诸要素中，人的因素又是最具决定性的因素。人的因素既包含智力性因素，也包含身体素质、道德品质等非智力性因素，体育精神传递出来的正能量不仅会促使人们不断提高身体素质，还会激发人们的智商、情商、道德品质等智力性因素和非智力性因素，不断从整体上提升生产力要素中人的综合素质，以此推动生产力不断向前发展。

（三）惩戒人们不良的功利主义倾向

道德惩戒是善恶价值的现实社会化反映，即社会会褒奖善行，并极力谴责和惩罚恶行。如果说体育精神引导人们树立科学的义利观和迸发积极的进取动力是培育扬善治恶意识的前提，那么，惩戒人们不良的功利主义倾向行为则是治恶的现实手段。

体育精神以人为本，高扬人的价值和能力。然而，市场经济在全球的快速发展，在给世人带来巨大的经济收益的同时，也带来了一系列负面效应。这些负面效应主要体现在以利益为目标的市场经济无形中所催生的拜金主义、享乐主义、极端个人主义等。这些负面效应不可避免地折射在体育赛事中，使部分运动员将比赛成绩与金钱、名利直接挂钩，且不择手段地追求，出现诸如“黑哨”、兴奋剂等不良现象。这些现象严重违背体育精神。由此，在体育精神的影响下，人们会自觉对这些违规现象进行检举揭露，以强大的社会组织和社会舆论力量发出道德谴责，引起人们的心灵震撼，引导人们反思、反省并检查自己的行为取向，思考自己在体育赛事及其他实践活动中应遵守的底线，进而选择应有的行为目标及行为模式。

值得注意的是，体育精神的这种道德惩戒力量具有重大的价值。它较之政治法律惩罚、经济利益的剥夺，更有利于从根本上遏制恶行的产生，提高人们的道德行为素质，对体育及其他实践活动具有重要的推动和调节作用。

二、体育精神的审美价值

体育是人们把握世界的特殊方式，“体育，一种人类传统却现代、直观却深刻、细腻却博大的文化，始终以自己看似微不足道但却惊天动地的力量在见证和推动着人类的演进历程”。[1]体育精神在发掘人们的生理潜能之美、激发人们的意志拼搏之美和展现人们的团结和平之美上具有重大价值。

（一）发掘人们的生理潜能之美

从体育活动的源起可以看出，人需要体育就像人在生活中需要“吃饭、情绪、睡眠、游戏”一样，这是由人的天性中存在和动物一样的“好斗”的蛮性及人的生存本能所决定的。一方面，人“好斗”的蛮性在社会规范的约束下，需要寻求正规合法的渠道加以宣泄。由此，提倡敢于拼搏、勇于超越的体育精神和各项挑战极限的体育项目可以最大限度地满足人们的宣泄需要，在不断超越中获得自我满足与成就感。另一方面，保种的需要是人类作为动物保存个体生命、种属生命并获得延续的本能。团结协作、友善和谐的体育精神可以促进人最大限度地激发个人潜力，不断提升自身体能素质、心理素质、智力素质等，获得人与自然、人与社会、人与人和睦相处，使得人类得以延续，符合人类的生存本能。

（二）激发人们的意志拼搏之美

体育是人生命的自由自觉的运动，始终体现着拼搏的精神，显示着人非凡的意志力量。体育赛事能够吸引观众的注意力，体育明星会有无数粉丝。这是因为体育赛事除了具有一定的趣味性外，还具有较大的审美教育价值，体育赛事中的拼搏精神对于激发人的意志拼搏之美具有重要意义。竞争是体育精神的核心要素之一，也是体育精神的重要表现形式之一。体育赛事中的竞争精神不仅概括了运动员在体育盛会中争金夺银的精神风貌，也体现了整个人类在社会的各个领域不断竞争、不断追求、永不停滞的一种进取意识和拼搏之美。尤其是竞技体育中所展现的拼搏精神，对增强现代人的竞争意识、激发人们的生活热情和工作热情、勇敢面对现实生活中的艰难处境、磨炼人们的体能意志、赢取生存机会、实现人生价值都具有重要的启示与价值。

[1] 易剑东．体育文化学[M].北京：北京体育大学出版社，2006:1-2.

（三）展现人们的团结和平之美

体育精神具有团结和凝聚效应，从而展现人们的团结和平之美。体育精神作为体育文化的重要组成部分，影响着社会成员的价值观念、思维方式以及行为方式，进而以其自身的感染力使社会成员产生普遍的认同感，并转化为现实的号召力，产生团结和凝聚效应。这种团结和凝聚效应具体表现为人们的团结协作精神，友善和谐、奋发向上、追求进步的强大精神力量，有利于增进世界交流，缓和冲突，维护世界和平。比如，“国际奥林匹克运动是人类社会少有的能够超越政治、经济、文化、种族和宗教屏障的一种文化形态，其核心是促进人的和谐发展，建立维护人的尊严的和平的社会；其宗旨是促进世界和平，建立更加美好的世界”，[1]体育精神对世界人民具有普遍的感染力，使各国人民积极参加体育运动，加深了解，促进交流，增进团结。另外，体育精神具有缓和冲突的功能。例如，1971年我国的“乒乓外交”以“小球转动了大球”，缓和和改善了中美紧张的外交关系；2008年北京奥运会期间，俄罗斯与格鲁吉亚因南奥塞梯事件发生战争，而在奥运会单项决赛后，银牌得主俄罗斯选手帕杰林娜与铜牌得主格鲁吉亚选手妮诺·萨卢克瓦泽在领奖台前彼此拥抱，于无形中巧妙地缓和政治矛盾和冲突，为维护世界和平贡献力量。

三、体育精神的发展价值

“发展价值是指人在追求利益过程中、能力提高过程中和主体自我实现过程中，要求持续增长、提高或跃迁的需要得到满足而产生的效应。发展价值的不断获得是主体追寻自由价值的必由之路。”[2]马克思曾经说过：“任何一种解放都是把人的世界和人的关系还给人自己。”[3]作为恢复人的本质与价值的生命活动的社会实践，体育活动意味着人的解放，体育的目的在于人的全面、自由、和谐的发展。

[1] 弋晶．浅议习近平的体育观[J]. 当代科技体育，2014（10）:109-113.

[2] 翟林．体育美育探微——体育美的理解和追求[M]. 北京：北京体育大学出版社，2011:71.

[3] 马克思，恩格斯．马克思恩格斯全集：第1卷[M]. 中共中央马克思恩格斯列宁斯大林著作编译局，译．北京：人民出版社，1956:443.

（一）促进人们的身体健康

体育是一种生命的运动，是一种锻炼身体、培养情操的运动。体育活动是人们生活方式中不可缺少的一部分。体育精神就蕴含在体育活动之中。随着社会生产力的发展和工业化进程的加快，人类逐渐发现自己已深陷环境危机[1]之中。

如今人们的生活节奏越来越快，工作压力越来越大，生活空间越来越小，幸福感逐渐降低。自然环境破坏化、社会环境复杂化、生活制度机械化、余暇时间浪费化等问题扑面而来，人们的健康岌岌可危。因而，科学健康的体育运动越来越受到人们的重视，体育精神所提倡的和谐精神越来越为人们所认可。体育精神的友善和谐观，既有顺应自然、与自然和谐相处的“天人和谐”观，又有团结友爱、与人和谐相处的群体观，更有关注内心世界、保持身体心灵和谐的内修观。这种“友善和谐”的体育精神指导，人们开展绿色奥运，实施可持续发展的体育赛事战略，在体育盛会中引导人们关注健康，关心环境。

（二）促进人们的心灵和谐

正如顾拜旦在《体育颂》中所吟诵的一样，“体育，你就是乐趣！想起你，内心充满欢喜，血液循环加剧，思路更加开阔，条理越加清晰。你可使忧伤的人散心解闷，你可使快乐的人生活更加甜蜜”。[2]

现实社会人们将面对各种压力，这些压力迫使人们的心灵处于焦虑状态。体育活动则可以有效缓解压力，帮助人们发泄情绪，促进人的心灵和谐。体育活动中的友爱精神可以让人们在趣味中感悟生活的快乐，得到同伴的鼓励和支持，放松情绪，调节心理，提高抗压应变能力；体育的规范精神可以帮助人们自觉遵守体育活动行为规则，自觉监督他人的行为活动，牢固树立底线意识和行为规范意识等。综上所述，体育精神对于塑造和谐心灵、

[1] 注：环境危机包括臭氧层的破坏、温室效应、酸雨危害、土地沙漠化、森林面积减少、物种灭绝与生物多样性锐减、水环境污染与水资源危机、水土流失、生态失衡与世界人口危机等。

[2] 皮埃尔·德·顾拜旦．奥林匹克理想——顾拜旦文选 [M]. 詹汝琮，邢奇志等，译．北京：奥林匹克出版社，1993:55.

磨砺性格意志、促进个体社会化具有重要作用。

（三）提升人们的综合素质

体育运动的目的，并不局限于个体体能的增强，更聚焦在体育对人的综合素质的提高，由此实现人的自由、全面、和谐与平衡的发展。“体育精神为人的全面发展提供了支持与精神保障。”[1]体育在促进人的全面发展中具有两方面内涵：一方面是指体育活动对人的德育、智育、美育、体育、劳动教育等综合素质的发展；另一方面是指体育活动所展现的人体结构美、力量美、运动美对人热爱美、欣赏美、创造美的情感和能力的培养，进而提升人的综合素质，促进人的全面发展。现代社会对人们综合素质的要求越来越高，体育有助于人们综合素质的提升。体育中强烈的竞争意识，有助于人们树立危机意识和竞争意识，增强市场经济活力；体育中的拼搏精神，有助于磨炼人的毅力，增强抗压能力；体育中的超越精神，有助于人们开放思维，增加创新能力等。总之，体育精神不仅可以以其独特的教育形态，保持人们的身体健康，还可以促进人们由单一的智育为主的素质，走向全面协调发展的综合素质的提升。

四、体育精神的社会价值

体育精神属于意识形态的范畴，它的产生取决于社会政治、经济、文化的综合反映，它的发展受到一定时期一定国家政治、经济、文化的发展水平的影响。体育精神作为人类宝贵的精神财富，是人类文明的真实反映，是人类生存与发展意志的彰显，是推动人类政治、经济、文化发展的动力源泉。体育精神如下有几个方面的社会价值。

（一）维护政治稳定

体育精神对政治环境的价值主要体现在以下两个方面：

第一，体育精神具有团结和凝聚效应。体育精神作为体育文化的组成部分，影响着社会成员的价值观念、思维方式以及行为方式，进而以其自身的

[1] 郭春玲 . 论体育精神与法的精神 [J]. 西安体育学院学报，2010（3）:281-284.

感染力使社会成员产生普遍的认同感，并转化为现实的号召力，产生团结和凝聚效应。例如，1984年奥运会中国体育健儿实现了金牌零的突破，光荣感和自豪感极大地振奋了民族精神，推动了民族精神的弘扬，对政治稳定、社会发展起到了重要作用。

第二，体育精神有利于增进世界交流，缓和冲突，维护世界和平。体育精神暗含着和平的期许，古希腊的奥运会人们在宙斯神庙前举行仪式，在祭坛点燃火炬，传递到各城邦，火炬所到之处，战火必须停息。随着时代的发展，体育精神具有了全球化、国际化特点，体育精神对世界人民具有普遍的感染力，使各国人民积极参加体育运动，加深了解，促进交流，共同为人类和平努力。

（二）促进经济发展

体育精神对经济的价值主要体现在以下两个方面：

第一，体育精神通过提高人的自身素质，推动生产力的发展。生产力是经济生活中的一个重要因素，而在生产力的诸要素中，人的因素又是最具决定性的因素。人的因素既包含智力性因素，也包含身体素质、道德品质等非智力性因素，体育精神正是通过提高生产力要素中人的素质，来推动生产力的发展。体育精神在一定条件下会激发人们参与体育活动热情，提高人们的身体素质，与此同时体育精神包含的爱国主义、团结协作、公平竞争和诚实守信等精神，会潜移默化地影响人、感染人，从而提高人们的思想道德素质，进而通过人们身体素质和思想道德素质的提高从整体上提升生产力要素中人的素质，以此推动生产力不断向前发展。

第二，体育精神对社会主义市场经济活动起着推动和调节作用，有利于市场经济健康地运行。社会主义市场经济的快速发展，在带来经济增长的同时，也带来了一系列的负面效应。市场经济以利益为目标，这在无形中催生了拜金主义、享乐主义、极端个人主义等，商家为了自身利益尔虞我诈的现象也时有发生。“体育精神恰恰是与社会主义市场经济本质相一致，是与市场经济所需要的精神相合拍，也是与社会主义道德体系相统一”[1]，体育精神

[1] 任莲香，范海荣．体育精神与市场经济[J]．西北成人教育学报，2002（1）:54-55.

中的公平正义精神、规范约束精神、团结合作精神对社会主义市场经济起着推动和调节作用，有利于净化市场环境，推动市场经济高效有序地运行。

（三）促进文化繁荣

体育本身与文化存在着紧密的联系，“体育本身就是文化的一部分，体育的观念文化、规范文化、物质文化等，均受到社会总文化的影响和制约”[1]“文化构成了体育精神的人文基础，在现代体育精神的形成和构建过程中，体育精神必须经过文化的设计和传递”[2]。体育精神可以超越意识形态的界限，在全球范围内传播、弘扬和发展，从而有利于东西方文化吸收体育精神的有利因素，推动东西方文化的交流、理解与融合，繁荣现代文化。

体育精神属于人类文化的一部分，在整个人类文化中占据着重要位置，而文化又具有民族文化和世界文化这两种形态。“民族文化是一个民族在长期的社会实践中所形成的特定的文化形态，具有与本民族相一致的特点”，而“世界文化是当今世界所能接受的主体文化形态，是人类共同的文化财富”[3]。对于文学、哲学、舞蹈等领域而言，中西方文化存在较大区别，虽然在这些领域存在着一定程度的交流和借鉴，但始终难以融为一体，而体育活动却可以跨越国界和意识形态的限制。例如，奥运会是全世界的体育健儿们共同参与的体育盛会，因此，在体育活动中衍生出的体育精神既具有民族性的特点，也具有世界性的特点。这为不同地域、不同意识形态、不同价值观念的国家和民族之间进行文化交流，进而实现文化的现代化提供了桥梁和现实的可能性。

我国传统文化的现代化是以中华体育精神现代化为载体的。为此，中华体育精神的现代化，一方面，传承中华民族的优秀传统文化，如坚持“和谐”的价值理念，并将其作为中华体育精神的重要组成部分不断传承；另一方面，在与西方文化的交流和碰撞中，不能全盘否定和排斥，相反，要趋利避害，吸收西方文化中符合时代发展的积极因素和合理成分，如竞争意识及

[1] 谢雪峰，唐宏贵，张江南，等．体育生态论纲 [M]. 北京：北京体育大学出版社，2011:33.
[2] 童昭岗，孙麒麟，周宁．人文体育——体育演绎的文化 [M]. 北京：中国海关出版社，2002:355.
[3] 谢雪峰，唐宏贵，张江南等．体育生态论纲 [M]. 北京：北京体育大学出版社，2011:81.

其对个人价值的凸显等。同样，我国体育精神中所体现的“和谐”的文化观念也是西方文化中所缺失的，“和谐”与“竞争”二者缺一不可，互为补充，对中国体育精神中合理成分的吸纳同样有利于丰富西方文化的内容，推动其文化现代化的发展。由此可见，在世界范围内弘扬体育精神，有利于推动不同国家、不同民族的文化交流和融合，吸收彼此文化精华，丰富自身文化内容，进而推动文化的现代化发展。

第五章　体育精神的现实问题与实践路径

运动项目所需的技巧越多，则逻辑就牵涉越深，便越发远离纯粹、高尚的体育精神。[1]

——塞莫斯·古里奥尼斯

体育是教育中的唯一比较全面、完整的系统，它发展身体效能，与精神品质同时并重。[2]

——马约翰

近代体育诞生于西方，体育精神从某种程度上而言也是从西方文明中孕育出来的。中国传统文化中缺少已然系统化、体系性的体育，因而体育精神的发展也往往带有隐蔽性和依附性。随着体育价值的日益凸显，中国社会不断了解、发展体育，并深刻认识到体育对人类发展的巨大作用。近代体育从传入起，便作为“强国保种”的工具受到国人的青睐，从此，发展体育事业，振兴中华民族不仅仅是一种口号，也成为确实的行动。但随着体育事业的蓬勃兴起，国人对体育的灵魂——体育精神的认识不足。尽管我国在体育运动上取得了较大的成就，甚至在某些方面、某些项目上处于国际领先地位，但总体来看，我国的体育基础还很薄弱，体育精神较为欠缺。体育精神

[1] 塞莫斯·古里奥尼斯.原生态的奥林匹克运动[M].沈健，译.上海：上海人民出版社，2008：148.

[2] 黄延复.马约翰体育言论集[M].北京：清华大学出版社，1986:134.

的异化、体育精神教育的缺失以及体育精神的培育与践行问题，是我们当前必须面对和解决的问题。

第一节　我国体育精神的缺失状况

从“增强人民体质”到“健康第一”，长期受这种思想熏陶的当代中国人已经深刻认识到体育对人身体健康的促进作用。如今，我国体育事业蓬勃发展，参与体育的人数不断增加、各大体育赛事的成功举办、各种体育场馆的兴建、体育设施的不断完善、奥运会奖牌数量的不断增加都显示了我国已步入世界体育大国的行列。体育日益渗透到经济发展和社会生活的各个领域，人们的生活已离不开体育。在中国一提体育，真可谓是“妇孺皆知”，强身健体、为国争光成了人们的口头禅。然而，在这可喜现象背后，却存在着国人体育精神缺失的问题。

长期以来，人们对体育的认识是建立在实用主义、功利主义思想观念基础之上的，在过分强调体育的工具角色的同时，忽视了体育精神的存在。在我国，可以说体育精神的缺失已经是一种较为普遍的现象，为了说明问题，下面从体育教育、体育竞赛、体育舆论三个方面来加以阐述和分析。

一、体育教育：体育精神的缺失

体育运动是人类的创造物，是人类智慧的结晶，“不经过持之以恒的教学”，它“是无法产生的”[1]。体育自产生之日起就是教育中不可或缺的重要组成部分，在人类文明进程中起着不可忽视的重要作用。中国教育历史悠久、内容广泛，然而真正意义上的体育教育在中国开展的历史并不长。体育精神是体育的灵魂与核心，既是对人们进行体育教育的基础，也是体育教育的核心要旨及终极价值理想。2012年教育部等部门《关于进一步加强学校体育工作的若干意见》（以下简称《意见》）中就明确将大力培养学生的意志

[1]　塞莫斯·古里奥尼斯．原生态的奥林匹克运动[M]．沈健，译．上海：上海人民出版社，2008:6.

品质、合作精神，促进广大青少年身心健康、体魄强健、意志坚强、充满活力等作为体育教育的重要内容与目的。因此，体育教育应不仅包括体育知识的传授和体育技能的训练，也包括体育精神的教育。然而，长期以来，我国体育教育更多地侧重于知识的传授、技术的训练，而在培养和弘扬体育精神方面较为薄弱。

体育教育的形式多种多样，尤以学校教育为最重要的环节。以下主要围绕学校体育来加以讨论分析，以基础教育为例说明我国体育教育中体育精神的缺失状况。

（一）教育观念：重智育，轻德育，更轻体育

无论是柏拉图将体育与文化并重以平衡教育的方式，还是亚里士多德体育为基础、德育是最终目的、培养理性灵魂乃最高目的的理念；抑或是严复将体育与德育、智育并提并犹重体育的坚持，蔡元培“五育并举不可偏废”[1]的主张，毛泽东“体育对于国人教育是第一位的”[2]的观点；还是马克思“生产劳动同智育和体育相结合……是造就全面发展的人的唯一方法”[3]的科学论断，都说明了体育是教育的三大支柱之一，必须重视体育、智育与德育全面发展，不可偏废一方。然而当前，受功利主义、实用主义等影响，我国教育首重智育，将知识的学习与传播看作更为重要的方面，德育工作有待进一步加强，至于体育则可以说是“教育工作中的薄弱环节”，张伯苓就曾感慨在德育、智育、体育三者之中，“中国人所最缺者为体育”[4]。可以说，学校体育一直没有得到应有的、足够的重视，一方面体育课沦为副科，常常被语、数、外等所谓的主科挤占；另一方面体育被技能化、技艺化，与德育、智育、美育等未实现有机融合。体育教育观念的片面性，从某种程度上说明了其人本精神和乐生精神的缺失。

---

[1] 高平叔．蔡元培教育论集 [M]. 长沙：湖南教育出版社，1987:42-48.

[2] 毛泽东．体育之研究 [M]. 北京：人民体育出版社，1979:4.

[3] 马克思，恩格斯．马克思恩格斯全集：第 23 卷 [M]. 中共中央马克思恩格斯列宁斯大林著作编译局，译．北京：人民出版社，1972:530.

[4] 崔国良．张伯苓教育论著选 [M]. 北京：人民教育出版社，1997:21.

（二）教育实践：重技术，轻方法，更轻精神

教育部在2011年制定与颁布的《义务教育体育与课程健康标准》中明确提出了涉及体育精神的教育内容和目标。此标准明确指出要通过体育培养学生的“意志品质、合作精神”，构建“知识与技能、过程与方法、情感态度与价值观”统一的体育课程目标与结构，促进学生身心协调、全面发展[1]。加之上文所述的《意见》，国家政策中这些内容的规定：一方面，表明了体育精神是体育教育的重要内容之一，显示了国家对体育精神教育的重视；另一方面，各种文件的反复提及也说明了当前教育实践中对体育精神培养的不足。

1. 教学内容固化

体育不仅是通过运动手段提高体能与运动技能水平的活动，更是全面协调发展身心、培养精神品质的育人过程。体育精神是体育的核心与灵魂，引领着人们体育活动的开展，体育教育理应包含体育精神的教育。然而，长期以来的传统体育教育恰恰失掉了这一“灵魂”内容，在教育实践过程中更加注重传授知识与技能。因此，教学计划、教学大纲、教材都是围绕传授知识来制定和选择的。体育课程被当作纯粹以运动项目为依托，进行运动技术教学、训练的活动，课堂内容大量充斥的是整齐划一的技术性动作。统一的教学大纲、标准及要求，忽视了对人创造力的发展与体育精神的高扬，以学生为主体、以学生为本的精神在实际教学过程中被忽视了。

2. 授课形式呆板

体育教育过程应该是高扬人的生命力、提升精神意志的过程，应该是活泼的、展现生命律动的。然而在体育教育过程中，班级授课仍是最为主要的形式，教学组织的方式由教师决定，课堂中“三基”——基本知识、基本技术、基本技能教学仍是主流，呆板的“三段论”一定程度上制约着体育课昂扬的生机与活力。教学中缺乏与自然的交流，忽视学生的情感体验，人的运动本能与对体育的热爱，被与心灵相隔离、“课课练”的系统训练削弱了。

---

[1]　中华人民共和国教育部．义务教育体育与健康课程标准（2011 年版）[M]．北京：北京师范大学出版社，2012:1–3.

这种缺少了参与精神、人本精神、乐生精神的训练活动，在某种程度上使得体育在一片加强声中被削弱了，其丰富的精神内涵被遮蔽了。

3. 教育评价方式“一刀切”

学习效果评价具有导向性，是体育教学中重要的一环。800米跑了几分几秒、仰卧起坐做了多少个、跳远跳了有几米……一个个数字化的计量对应着一个个标准化的分数，这正是当前体育量化考评机制的写照。这种单纯采用结果评价的“一刀切”的方式，给学生们的是一个个数字符号而已，注重的只是结果，忽视了教育全过程。此外，“高考加分乱象”“加分疑云”“体育成绩造假”等现象，更损害了体育精神的培养。定量的标准化的考评对学生素质的培养、个性的彰显、精神的升华是无法做出评定的，因而是片面的，不完全客观的。

4. 教育方法落后

教育方法是完成教育目标的途径，是实现教育效果的手段，要使得体育教学真正活起来，丰富、鲜活、有效的教育方法必不可少。当前，在教学方法研究上已经有了可喜的成绩，也取得了不错的效果，但是还存在“整体性差、实效性有待加强、灵活性不足”[1]等问题。尤其是以教师为中心，以讲解法、演示法为主的知识传授方法仍在体育教学中占很大的比重，学生在体育教育中缺少那种“融知、情、意为一体”的生命体验形式，缺少了一种“寻求意义、赋予意义的精神活动”[2]。缺乏精神体验的教育方式使得体育与“心灵的勇气和身体的活力合为一体”的活动渐行渐远，体育精神在单一、简单、僵化的教学方法中被遮蔽与抹杀了。

体育的主体是人，忽视人的主体性的体育教育不仅导致了人本精神与乐生精神等体育精神的缺失，也会致使体育发展偏离教育本质，影响体育事业的健康发展。

[1] 胡英清．学校体育教学改革与发展研究 [M]. 桂林：广西师范大学出版社，2003:3.
[2] 王岳川．艺术本体论 [M]. 上海：上海三联书店，1994:154.

二、体育竞赛：体育精神的异化

中华人民共和国成立后，中国体育事业尽管道路时有曲折，但仍迅速发展，体育竞赛成绩显著，在许多项目上都处于国际领先地位，现阶段我国已经成功实现了由体育弱国向体育大国的转型。然而，体育技术的掌握不代表体育精神的升华，体育竞赛的突出成绩也并不意味着体育精神的完善。体育精神是体育活动中体现的人的行为价值观、态度、意志品质以及思想意识的总和，是体育活动的最高产物。因而，体育领域的专业人员应该成为体育精神重要的塑造者和体现者。体育竞赛以竞争为主要特点，以争取获胜为直接目的，其本质是为了“发展人的生命体能、智慧和精神，不断向人类生命的极限挑战和超越”[1]。作为体育活动最引人注目的部分，作为体育的轴心和杠杆，体育竞赛本身也是体育精神的重要载体与体现，而运动员也应该是最具体育精神的人。然而当前，受极端功利主义和物欲主义的影响，体育竞赛中出现了种种精神异化的现象。

“异化”一词在英文中为alienation，德语为Entfremdung，其词源来自拉丁语“alienatio”一词，本义含有转让、疏远、脱离等意思[2]。在很长一段时间里，“异化”只是严格地指涉进行性精神错乱或财产权的转让[3]，随着各种异化理论的出现，“异化”成了甚为重要的哲学术语。马克思主要是从劳动的异化来阐明其异化理论的，在马克思看来异化作为社会现象，与阶级一起产生，人的生产劳动及劳动产品对人来说“是异己的”“是异己的活动、一种被压迫的活动”，是“作为异己的力量”[4]面对人、反过来统治人的一种社会现象。异化的主要根源是私有制，而最终根据社会分工固定化。在异化活动中，人丧失了能动性，“肉体受折磨、精神遭摧残”[5]，遭到异己的物质力量或精神力量的奴役，从而使人的个性不能全面发展，只能片面地畸形

---

[1]　陈淑奇．竞技体育中人的异化与生命道德精神的缺失[J].体育研究与教育，2011（4）:1-4.

[2]　金炳华．马克思主义哲学大辞典[M].上海：上海辞书出版社，2003:253.

[3]　安东尼·弗卢．新哲学词典[M].黄颂杰，译．上海：上海译文出版社，1992:15.

[4]　马克思，恩格斯．马克思恩格斯选集：第1卷[M].中共中央马克思恩格斯列宁斯大林著作编译局，译．北京：人民出版社，1995:48-49.

[5]　马克思，恩格斯．马克思恩格斯选集：第1卷[M].中共中央马克思恩格斯列宁斯大林著作编译局，译．北京：人民出版社，1995:43.

发展。

体育竞赛中，体育精神的异化，首先是人的异化，是人在体育竞赛中游离于本真生命状态，背离人的全面发展，人被“物化”了，其自然和精神生命状态“工具化”“技艺化”了；其次是人类精神的沉沦和缺失，体育竞赛沦为功利化、工具化的手段与途径，体育中蕴含的人本精神、乐生精神等内容被遮蔽、被解构了。它成为体育精神外在的异己力量，成为影响体育精神及体育健康全面发展的反向力量。

（一）过分功利化的价值追求

体育竞赛不仅是运动能力、运动技术的比拼，更是弘扬人的生命活力和精神品质的比拼。但在今天，片面化、功利化的价值取向使得在体育竞赛中，人的主体性被消解了，体育与人身心合一、全面发展的实践活动渐行渐远，忽视了体育人本精神、乐生精神、参与精神、超越精神的内涵。这种功利化的价值追求表现在以下几个方面。

首先，对物质及经济利益的过度追求，遮蔽了体育人文精神的内涵。自1984年美国洛杉矶奥林匹克运动会采用商业化运作以来，过度商业化使竞技体育开始沦为各国赚钱的机器。随着商业化走进奥运赛场和竞技体育的殿堂，市场经济的功利理念也渗透到了竞技体育的骨髓之中。由于竞技体育的优胜不仅带给参与者运动员带来鲜花、掌声、荣誉和巨大的经济利益，也直接影响相关教练员和体育官员的物质利益。既得利益者们过度强调、宣扬甚至夸大竞技体育的利益产出功能。体育竞赛中假球黑哨、体育赌博、裁判不公、权钱交易、弄虚作假等现象屡见不鲜，将奖金和名誉等凌驾于体育精神之上。

其次，对运动成绩的盲目追求，限制了运动员身心健全发展。对运动成绩的过度追求，使得运动训练的强度和力度大大加强，运动员大部分的时间被系统化的身体训练与技术练习占用，忽视了对运动员文化素质的综合培养。一方面，不断突破极限的运动成绩必然要求与之相应的大量训练，大量运动员成了超负荷训练的受害者，有的运动员不惜牺牲身体健康，通过手术、服用药品等外部手段以提高运动成绩；另一方面，因缺乏应有的文化素质和谋生技能，退役后一些运动员难以维持生计。这样的现象不仅违背了体育的本质，也损害了以人为本的人本精神和强身健体的乐生精神。同时，“对量化狂热追求的结果”——现代纪录的追求，虽然使得不同时间和空间的运动员的竞争成为可能，但过度追求纪录也成为“一种心理压力”[1]。对纪录的狂热追求，将打破纪录视为超越、突破、优秀的唯一标准，在很大程度上遮蔽了超越精神的丰富内涵。

最后，为追求胜利的集团作战，偏离了集体主义的团队精神。在体育竞赛中，为了夺得名次，将技战术的运用曲解为“集团作战”，队友牺牲个人成绩干扰其他竞争对手以取得胜利的事情也经常发生。这种把“集团作战”当成团队协作，牺牲小我夺得胜利的做法，不仅违背了体育道德，也曲解了“各尽所能，密切配合，顾全大局”的团队精神。

（二）道德行为失范

体育发展历程中充满着各种矛盾，历经曲折而不断发展，在矛盾解决的过程中也会出现片面化、偏离目标、与体育精神相违背的因素和行为。

竞技体育原本为了提高身体素质、培养竞争意识、合理挑战自我极限，现在却逐渐变为“拿金牌的运动员就是完美无缺的运动员，培养出冠军的教练就是著名的教练”利益论的“仆人”。为了成绩和利益，在竞技运动员的培养过程中，有些教练员让其服用兴奋剂，采取超负荷，甚至是非人道的训练手段施训。它给运动员带来的不仅仅是身体上的损害，也有巨大的精神伤害。优异的竞技成绩与运动员“高昂代价”的付出，忽视了竞技体育应有的人本精神。为获得私利，有些教练或体育官员不惜个人的人格尊严，行贿受贿。为了在比赛中占有优势而“以大打小”“以专业打业余”“延长运动年限”等，体育比赛中充斥着虚报年龄等造假行为，历史上的“奥运女飞人”瓦拉谢维奇拥有男儿身等类似造假事件更是骇人听闻。体育是以运动手段增进人身心健康、全面发展的社会实践活动，体育竞赛是以竞争为特点的体育活动，强调以人为本、公平竞争等道德伦理底线，然而这些道德失范行为背

---

[1]　阿伦·古特曼.从仪式到纪录：现代体育的本质[M].花勇民，钟小鑫，蔡芬乐，译.北京：北京体育大学出版社，2012:55.

离了以人为本、强身健体、公平正义、积极参与、遵纪守规等为内核的体育精神。

三、体育舆论：片面化的导向

"舆论"一词早在先秦时代就已经开始使用，譬如《左传·襄公三十年》云"舆人诵之"，《晋书·王沈传》云"乐闻诽谤之言，听舆人之论"，这里的"舆人诵之"与"舆人之论"即是众人之论，群众的言说。舆论，即是舆人之论的简称，至《梁书·武帝纪》便有这样的记载"或得之舆论"，这也被认为是使用"舆论"一词的最早记载[1]。由此观之，舆论亦即西方各国所称的"public opinion（公众意见）"，是广大公众的意见，是"社会中相对数量的人对于一个特定话题表达的个人观点、态度和信念的集合体"[2]。因此，舆论具有公共性，它是社会的产物，脱离了社会便不可能具有意义，它是相对数量的、广大公众的意见，一定程度上代表了主流文化的指向。正如卢梭在《社会契约论》中所认为的，舆论"铭刻在公民的内心""可以保持一个民族的创制精神，而且可以不知不觉地以习惯的力量取代权威的力量"[3]，舆论引导具有公众性、导向性及信息调控性。

综上所述，可以将体育舆论理解为相当数量的人对于体育的意见和看法的集合体，它既包括人们对体育这一社会实践活动的整体认识，又包括对体育具体事件发展和事态进程的关注和看法。一方面体育舆论具有社会性、导向性及信息调控性，影响着人们对体育的看法，对体育精神的塑造和培养有一定影响；另一方面体育舆论中也体现着体育精神的内涵，正面的体育舆论体现了精神的高扬和升华，负面的体育舆论某种程度上会遮蔽体育精神，不利于体育精神的培养。当前，体育舆论中存在着不少负面的、片面化的导向，具体如下所示。

第一，对体育的歧见。受传统文化的影响，在许多人的观念中，体育

[1] 张文山．现代社会学基础 [M]. 呼和浩特：内蒙古人民出版社，1989:270.

[2] 美国不列颠百科全书公司．不列颠百科全书（国际中文版）[M]. 中国大百科全书出版社不列颠百科全书编辑部，译．北京：中国大百科全书出版社，2002:2.

[3] 卢梭．社会契约论 [M]. 何兆武，译．北京：商务印书馆，2003:70.

常常被当作娱乐消遣的方式，或者被当作可以利用的资源。第一种观念中，体育常被看作一种茶余饭后休闲和娱乐的生活方式，孔子就将其看作“饱食终日，无所用心”之时聊胜于无的东西。在受儒家文化几千年浸润的中国传统思想的影响下，作为生活方式，体育一度被认为是可有可无的，无足轻重的；作为一种人体活动方式，体育一度被看作纯粹的肌肉运动，以消耗多余的精力，体育人常被看作头脑简单、四肢发达。第二种观念将体育看作是可以利用的资源。受实用理性和功利主义的影响，人们常常抱着除读书以外万般皆为下品的观念，认为劳力者治于人，唯有劳心者治人，因此，作为一种教育方式，体育一度被“边缘化”，其价值仅在“行气血”“强筋骨”，是智育的补充；作为学校课程，理所当然地是副科，常被侵占，为所谓的主科让道，连基本的课时都难以保障。在功利化的目的面前，体育常沦为塑形减肥的手段，在学校是考试加分的途径。对体育的歧见和片面的认识，使得体育丰富、深刻的精神内涵被遗忘在了角落。

第二，对体育精神价值的忽视。受近代历史的影响，在受列强侵略凌辱的社会现实之下，近代体育从传入伊始，其实用价值即被广泛重视，体育被当作进行军国民教育、强兵御辱的重要方法，被当作强国保种、立国兴民的重要途径。受这种历史现实的影响，体育常被认为是宣扬国力的重要方式，而参加作为重要世界盛会的奥林匹克的目的就在于展现国家实力，夺取奖牌。在这种观念的片面引导下，人们也易于形成金牌至上、极端民族主义的价值观念，从而忽视了体育的精神价值。此外，受锦标主义的影响，人们片面地将体育等于比赛，过度强调成绩与胜利，体育的乐生精神、人本精神等丰富内涵被忽视了，体育精神的社会价值未得到足够的重视。

第三，媒体报道的负面引导。媒体报道既是体育舆论的重要组成部分，又是传播体育事件、影响舆论的重要途径。当前，媒体的负面引导既体现了体育精神的缺失，又消解着体育精神的内涵及价值。首先，我国媒体独有的“金牌情结”消解了体育精神的内涵与核心价值。当前媒体总是有意无意地赋予金牌过多的政治意义，比赛本身就有输有赢，媒体甚至主流媒体报道常常出现“到手的金牌丢了”“预测金牌数量”“已经是囊中之物”等表述。在伦敦奥运会上同是一个项目金牌报道满天飞，而铜牌获得者连一个正面镜头都没有，这些负面引导消解了体育精神的核心价值。其次，媒体对体育精神的理解过于片面。譬如，在2008年北京奥运会刘翔受伤退赛后，不少媒体都对他的退赛加以指责，认为刘翔的退赛违背了参与精神，将参与精神片面理解为带伤参赛，一定程度上影响了人们对体育精神内涵的准确把握。最后，媒体舆论的娱乐化和消费主义倾向，一定程度上也影响了体育精神的培养，可以说是体育精神缺失的表现之一。

第二节　体育精神培育的实践路径

费孝通曾言：“（体育精神）其实是人类社会赖以健全和发展的基本精神。体育运动的目的就是在通过实践来培养和锻炼这种基本精神。受过良好运动训练的人重要的是把这种精神贯彻到一个人的生活和工作中去，使他所处的社会能得以健全和发展。”[1]体育精神是体育的灵魂与内核，是体育发展过程中精微的内在动力；体育精神是体育活动的最高产物，是人在体育运动中精神的升华；作为能动的精神力量，体育精神影响着人们对体育本质的解读，影响着人们在体育活动中的行为表现与精神风貌。此外，在体育活动中培养、运用并得到锤炼的精神活动、精神品质，是人类精神文明结构中不可忽视的文化要素，它当然也会渗透到体育以外的事物中去，对社会进步、人类精神文明发展有着重要的推动作用。体育不只是旨在“强身健体”的社会实践活动，它“并不有求于身体”，而是“以一种特别的修德之道，使用身体来雕刻人类的灵魂”[2]。然而，当前体育精神的现实境遇着实堪忧。为解决体育精神缺失及异化的问题，为促进体育事业的健康、蓬勃发展，必然要建设一个健全的体育精神。

[1]　费孝通．清华人的一代风骚[J]．读书，1991（11）:3-13.

[2]　塞莫斯·古里奥尼斯．原生态的奥林匹克运动[M]．沈健，译．上海：上海人民出版社，2008：172.

一、政府引导

体育不仅是人类肌体最好的活动形式，也是享受灵魂深处的冥想，它以其独特的方式、难以名状的笔触镌刻着生命运动的记号，彰显着运动中生命勇气升华的价值。体育和运动在影响人们肌体发展、塑造理想性格、促进身心和谐统一的同时，也不断以行之有效、出人意料的方式规训着人们的行为、塑造规定性的"理想的性格"，它将人类"攻击性本能转化成更高形式的精神交流，即文明竞争的理想模式，将'拼搏'的内涵理想化，使之脱离战火的硝烟，进入体育文明的殿堂"[1]。另外，体育运动对"民族精神具有很大的影响"，深刻塑造并"影响民族精神和性格"[2]。今天，体育运动不仅是自然的必然选择，也是一种"被组织起来的事业"，更成为接合起来的"公众秩序"对"每一个人提出的要求"[3]；它的发展程度以及"一个国家接受和引进现代体育的能力本身"就是一国工业化、现代化"发展的一个指数"[4]。因而，体育是任何一个国家、一个政府不可或缺的发展要件，而作为其灵魂与精微发展动力的体育精神，也必然是他们所应提倡、培育及弘扬的要义。

马克思强调国家与政府"作为第一个支配人的意识形态力量出现在我们面前"[5]，它凭借其权威性、强制力、持久性，形成实施集体决策的能力，将符合"共同利益"的意识形态锻造为具有普适意义的、公共权威的、主流的意识形态。它因其权力与核心特征成为锻造、弘扬体育精神的保障者，它能整合资源、凝聚公共意志，对体育精神的实践具有强有力的导向、引领、制约作用。政府的积极引导在体育精神实践的过程中十分重要，不可或缺。

（一）大力发展体育事业是塑造贯彻体育精神的基础

体育是体育精神的载体，体育精神是其最高阶段的产物。体育精神的发

[1] 塞莫斯・古里奥尼斯．原生态的奥林匹克运动[M]. 沈健，译．上海：上海人民出版社，2008:171.

[2] 黄延复．马约翰体育言论集[M]. 北京：清华大学出版社，1986:124.

[3] 卡尔・雅斯贝斯．时代的精神状况[M]. 王德顺，译．上海：上海译文出版社，2013:45.

[4] 阿伦・古特曼．从仪式到纪录：现代体育的本质[M]. 花勇民，钟小鑫，蔡芬乐，译．北京：北京体育大学出版社，2012:69.

[5] 马克思，恩格斯．马克思恩格斯全集：第21卷[M]. 中共中央马克思恩格斯列宁斯大林著作编译局，译．北京：人民出版社，1965:347.

展是一个动态的历史过程，其产生是以体育运动的出现为前提的，伴随着人类体育活动的扩展和认识的加深而不断发展、丰富。正如马克思所言“物质生活的生产方式制约着整个社会生活、政治生活和精神生活的过程”，体育精神的塑造与贯彻必须以体育事业的发展为基石，必须根植于鲜活的体育实践活动，依赖于播种体育文明之种于人类心灵。离开了体育活动的发展，体育精神必然无所依靠，无以为继。

因此，要培育与贯彻体育精神，就要大力发展体育事业，将其从强国保种、宣扬国威的政治化、社会化“工具”中解放出来，既诉诸体育本身，又不囿于体育领域，将其嵌合于社会文化生活这一通体结构之中，充分激活其与社会经济、政治、文化等的天然“亲和力”，使全体民众既保持强健充盈的体格，又始终昂扬强大生命意志的积极精神。首先，要立足实际，依托政府“自上而下”的权威体系，以财政资源、行政决策、公共管理等多元资源向社会投入，强化公共服务体系，推动、牵引体育成为全民性的活动，将全民体育活动以强有力的“群众秩序的现存形式”确立下来。其次，以正确的政策导向为依据，以市场规律为导向，加快体育产业发展。正确的政策导向与精神养成具有内在逻辑联系，前者能够以其社会权威特质保持秩序、缓和既存的矛盾，在约束与引导行为、影响个体道德与精神状况的同时，为塑造积极向上的体育精神提供政策支持与精神资源。以市场规律为导向，拓宽加深全民健身体系建设，在物质、制度与精神文化三者的共振与交融中，在波澜壮阔的体育事业发展画卷中，以运动的形式使身体与隐藏于肌肉、汗水背后的精神世界融合，促进人全面自由地发展。最后，转变职能，运用多层次、系统化的宣传平台，引导树立全民健身的理念，让大众在平等参与的各种锻炼形式中，享受强身健体的肌体愉悦，实现精神与体格的统一，在现实生活中为养成体育精神夯实基础，于权威性、严肃性中强有力地传达精神价值。

（二）纳入精神文明建设体系是塑造贯彻体育精神的主要支柱

体育不是自然而然、凭空而生的，而是人类张扬自然生命力量的创造性产物，是人类精神文明发展的重要内容与体现。作为规范和引领人类体育活动的指南针与导航仪，彰显着体育运动内在精神特质与本质规定性的体育精神，其本身就是精神文明系统的应有之义。

首先，体育精神是精神文明建设的重要内容。精神文明，观其名，其与“物质文明”相对，其内容大体涵盖两个方面：“一是科学、教育、文化、艺术、体育、卫生的发展水平；二是社会的政治倾向、理想信念、道德情操和精神状态等。”[1]知其意，一来，体育本就是精神文明“百花园中一株瑰丽的玫瑰”，其发展规模与水平既是精神文明建设的重要内容，也是精神文明的一个衡量标准；二来，体育精神是体育活动中体现的人的行为价值观、态度、意志品质以及思想意识的总和，具有雕刻灵魂、弘扬美德、实现社会道德化的作用，它也是精神文明结构中的组成部分。

其次，精神文明建设的深入开展对培育体育精神具有促进作用。以人为本的人本精神、强身健体的乐生精神、积极主动的参与精神、公平正义的竞争精神、集体主义的团队精神、遵纪守规的道德精神和更快更高更强的超越精神等任一体育精神内核，无不是民族性、世界性时代精神的凝练，是“体现个人乃至整个人类的道德精神”[2]的伟大力量。同时，体育精神的培育契合精神文明建设的要求，更是激发政治思想与道德素养发展的具象性的“抓手”。体育运动的重建与革新，深刻影响并改造着人们的生活，正如C.S.Bogardus所言“失去运动精神的人决不能长期保持全面的平衡”[3]。

因此，将体育精神纳入精神文明建设体系既有助于体育事业波澜壮阔的革新，又是健全的体育精神塑造与贯彻的主要支柱与路径。

（三）健全制度建设是塑造贯彻体育精神的重要保证

制度是人类文明革新过程中的硕果，是文明走向现代化的前提，更是人类文明的结晶。健全的制度建设是传承与贯彻体育精神的重要抓手与根本保障，制度建设既是精神的凝练与体现，又能够发挥凝聚体育精神的作用，为建设体育精神提供现实的途径。任何一种精神的建设“必须由强有力的社会

[1]　吴建国，曹燕明．关于物质文明和精神文明的几个理论问题 [J]. 哲学研究，1982（8）:21-28.

[2]　国际皮埃尔·德·顾拜旦委员会．奥林匹克主义——顾拜旦文选 [M]. 北京：人民体育出版社，2008:15.

[3]　黄延复．马约翰体育言论集 [M]. 北京：清华大学出版社，1986:128.

集团承载”，才能激发其精神力量，产生强大社会作用。正如格尔兹所言：“要想在社会中不仅找到其在精神上的存在，而且找到其在物质上的存在，就必须将这些思想制度化。”[1]所谓制度，是一种公开的规范体系，这一体系确定了社会职务和地位及它们的权利、义务、权力、豁免等[2]。健全的制度中，体现着社会公共理性、意志与权威，是主体行为的准则体系，也是社会运行的规范体系，它包含并体现着精神理念与行为价值观。体育精神离开了体育活动的承载，离开了主体的实践，就是无本之木、无源之水，只能是空洞的、浮于空中的缥缈口号而已。因此，必须健全制度建设，为传承贯彻体育精神提供制度保障。

首先，要将体育精神建设纳入国家及文化战略体系。2000年，江泽民在会见第二十七届奥运代表团时说“中华体育精神是我国社会主义精神文明的重要组成部分，是中华民族的宝贵精神财富”[3]，并且要求全国各行业、各战线都要弘扬与践行中华体育精神。2013年习近平在看望中国索契冬奥会代表团以及会见国际奥委会主席巴赫时都曾提及：“奥林匹克精神是全人类共同的精神财富，具有强烈的感召力。”他强调不仅要在运动场上践行奥林匹克精神，更要在祖国建设和社会发展中遵守、传承、践行这一全人类的共同价值。无论是中华体育精神还是奥林匹克精神，都是体育精神不同地域、不同阶段之范型，两代领导人的卓识反映了国家对体育精神发扬与践行的深刻认识。将体育精神建设纳入文化发展战略的制度安排，既是建设体育精神的重要路径，也是弘扬体育精神的体制保障。

其次，健全法律制度。法律是“普遍应用于政治共同体中的一套可以强制实行的公共规则”[4]，它由政府制定，以“国家意志”的形式反映，具有强制性，社会民众都必须遵照执行。2015版《世界反兴奋剂条例》在其基本原理中明确将“体育精神”提到世界及全人类的固有价值观的层面，并从11个

[1] 克利福德·格尔兹.文化的解释[M].纳日碧力戈，等，译.上海：上海人民出版社，1999:359.

[2] 约翰·罗尔斯.正义论[M].何怀宏，译.北京：中国社会科学出版社，1988:50.

[3] 江泽民与中国代表团座谈[EB/OL].[2000-12-03].http：//news.xinhuanet.com/ziliao/2000-12/03/content_495181.htm.

[4] 安德鲁·海伍德.政治学核心概念[M].吴勇，译.天津：天津人民出版社，2008:29.

方面概括了这一体现人类精神、身体、心灵合一的价值体系。在美国，健康、体育教育、NCAA（美国大学生运动协会）的指导性文件中都涉及并强调体育精神的教育与影响[1]。反观国内，无论是体育法还是反兴奋剂条例及相关规定性文件，关于体育精神的内容及表述都存在缺失与缺位的情况。要建设健全的体育精神必须依靠法律制度体系的完善来约束和规范社会公民的行动，这是体育精神的根本保证。

最后，落实监督机制，对提倡与允许的行为类型予以保护激励，对禁止和违背体育精神的行为给予惩罚，特别是要明晰违反规范准则的行为与惩罚机制的边界，令行禁止，依法处理。

二、教育引领

体育在达到顶峰之前，就已然成为与知识、艺术相比肩的教育活动的三大要素之一。体育精神是体育的灵魂与内核，是体育发展过程中的精微的内在动力，是对人们进行体育教育的基础。首先，体育精神体现着体育的本质，贯穿于体育活动当中，是教育的重要内容；其次，教育是教育主体与客体间“灵肉交流活动”，是灵魂的教育，其最终目的是培养身心全面发展的人，缺乏精神的教育是不完整的教育，体育精神应该渗透到体育教育的方方面面，关注和追求体育精神应该是进行体育教育的重要目的；最后，体育精神是体育活动的最高产物，是人在体育运动中精神的升华，作为一种教育因素，它沟通了人身心两层，促进了人的全面发展。因而，从教育中探寻体育精神的实践路径具有重要的价值和意义，国民教育可谓其得以为继的重要途径。

（一）树立重视体育精神的观念

教育是“人对人的主体间灵肉交流活动”，是“人的灵魂的教育”，其关注的是“如何最大限度地调动人的潜力”，以及“人的内部灵性及可能性

[1]　马瑞．我国城市中学生体育精神教育研究——以北京、上海为例[D]．上海：上海体育学院，2008:74.

如何充分生成”[1]，因而，教育从来不是知识与认识的堆集。教育的宗旨在“使人为完全之人物而已”，即“人之能力无不发达且调和是也。人之能力分为内外二者：一曰身体之能力，一曰精神之能力”[2]。因而，教育的本真目的就在于唤醒人的灵魂，促进人的精神发展。体育作为教育非常重要、不可或缺的要素，作为人类心灵的勇气和肉体的活力的统一，引导与培养体育精神是教育应有之义。因而，在教育实践中须树立重视培育与弘扬体育精神的观念。

一方面，要树立培育体育精神的教育目的观。所谓体育即是以“大肌肉活动为方式使身体与心智均衡发展的完人教育”[3]，其目的在于利用身体活动，依照人的身体、精神以及社会国家的需要，予以适当的训练，以谋求整个肌体的均衡发展。单纯的训练与运动并不是体育，仅是体育的工具与手段，体育之宗旨不仅在于锻炼肌体、获得健康，也在于注重身体与精神的和谐发展。马克思强调：“未来教育对所有已满一定年龄的儿童来说，就是生产劳动同智育和体育相结合，它不仅是提高社会生产力的一种方法，而且是造就全面发展的人的唯一方法。”[4]体育精神作为一种积极的行为价值观，一种乐观开放的态度，一种随和圆融的精神气质，不仅是体育教育的精神力量源泉，更是沟通人自然生命意义与精神生命力的方式。将体育精神的追求确立为体育教育的目的，才能实现塑造肌体、涵养精神的完人教育。

另一方面，要坚持体育精神之教育方式。体育要回归教育本真，其实质在于回归到人的本质。人是身心合一的整体，是身体和心灵相互依存的统一体。体育是以锻炼体力、增强体质为主要任务的教育，相比其他学科，体育拥有先天的优势来实现人的身心统一。以体育精神为教育方式，能够把自由、愉悦的体验融入体育教学的过程之中，以开放式的、体验性的方式使体育符合个体的审美观与精神需求。

---

[1] 卡尔·雅斯贝斯．什么是教育[M]．邹进，译．北京：生活·读书·新知三联书店，1991:3-4.

[2] 刘铁芳．新教育的精神[M]．上海：华东师范大学出版社，2007:3.

[3] 吴文忠．中国体育发展史[M]．台北：三民书局，1981:2.

[4] 马克思，恩格斯．马克思恩格斯全集：第23卷[M]．中共中央马克思恩格斯列宁斯大林著作编译局，译．北京：人民出版社，1972:530.

（二）将体育精神融入教育实践全过程

教育实践是体育精神传承的重要途径与方式，通过教育增进民众对体育精神的认识与认同，让他们体认和领悟体育精神的丰富内涵，对体育精神的养成与贯彻至关重要。教育作为教育主体与客体间“灵肉交流的活动”，其最终目的是培养身心全面发展的人，缺乏精神的教育是不完整的教育，体育精神应该渗透到体育教育的方方面面。

首先，要将体育精神作为教育的重要内容。一方面，2012年教育部等部门《关于进一步加强学校体育工作的若干意见》中就明确将大力培养学生的意志品质、合作精神，促进广大青少年身心健康、体魄强健、意志坚强、充满活力等作为体育教育的重要内容与目的。体育教育应不仅包括体育知识的传授和体育技能的训练，也包括体育精神的教育。另一方面，体育精神是历史性、社会性的存在，它既是体育的灵魂与精微的内在发展动力，又是人类的精神结晶，是时代精神具象性内容的凝练，它作为一种复合意识形态本身也是体育教育的知识性结构，作为促进人精神性发展的教育必然要将体育精神的内核纳入教育命题之中。

其次，创设充满精神体验的教育情境。所谓的体验，即“某个东西不仅被经历过，而且它的经历存在还获得一种使自身具有继续存在意义的特征”[1]。“好动”可谓人的天性，人类充分开发自身潜质，用身体这一媒介与世界沟通和互动以充分体验生命的灵性。体育是人生各阶段的必修课，它着重以身体为主体，以塑造、提升身体经验。故而，这种以身体直接“经验”“体验”世界，来感受生命之灵性，是体育的显著特质。体育精神教育不同于其他教育内容和环节，仅靠理论的学习与知识的讲解是无法解释和传达的，必须在具体的生命活动中去体验、去觉知，需要在直接的运动经历和过程中去感悟。从他人那里间接“道听途说”获得的知识总会“终觉浅”，它需要主体“直接性地经历”和“躬行”才能真正觉知。体育精神教育离不开具体的教育情境，要使体育精神的内涵被充分地体认，而不是干巴巴地说教与灌输，就需要营造充满体育精神魅力的教育情境，需要在教育过程中不

[1]　汉斯－格奥尔格·加达默尔.真理与方法[M].洪汉鼎，译.上海：上海译文出版社，1999:78.

断丰富、扩充体育运动的内涵，注重体育内涵多元化、体育活动乐趣化与丰富化，改进体育教学开展的组织与指导，改变传统“三段论”式的单一技术训练，不断优化教学设计与实施，不再将精神体验与肉体训练相割裂，注重带领学生探索、体验蕴藏于肌体汗水背后的精神世界，实现体育教育将身体、精神、性格的考验合而为一，促进身心和谐发展的根本目的。

最后，要实现教育各要素之间的联动。教育中的各要素从来不是相互割裂的，而是紧密依存、互为完善与补充的。体育不是局限于挖掘体能、增强体质的训练活动，它是教育要素中重要的一环，而在传统教育中，国人尚智育，将知识获得、智力发展当作教育目的，轻德育，更轻视体育，可以说中国人教育中“最缺者为体育”[1]的局面直到今天也尚未彻底改变。然而，体育是教育的重要组成部分，是人生各阶段的必修课，更是智育、德育的基础。人类认识世界之事物、掌握判断世间之真理，都仰赖于身体与外界的沟通与交换，正所谓“直观则赖乎耳目，思索则赖乎脑筋，耳目脑筋之谓体，体全而知识之事以全”[2]，故体育是智育的基石；而自古体育与德育便是一体，古希腊将体育作为培育成熟城邦公民的道德教育，力图“在体育及上流社会范围内培养人的性格及品格”[3]，而中国古代更“以运动为执行德教”[4]的方式，崇尚“武以养德”，将运动与礼教相结合，重德操、次技术。此外，自神圣、辉煌的奥林匹亚时代，体育与文学艺术等就结下了不解之缘，在奥林匹亚竞技会上，竞技者在全身涂油的整套动作皆由双簧管乐曲伴奏，竞技过程伴有吟唱诗人、唱诗班的歌咏，在那个时代“文学艺术与体育珠联璧合，相得益彰，保证了奥林匹克运动会的伟大与崇高”[5]。可以说，体育自始至终与德育、智育、美育交织相融。将体育与德育、智育、美育相结合，实现联动，既可以促使体育精神鲜活起来，更为体育精神的弘扬提供了高素质的主

[1] 崔国良．张伯苓教育论著选[M]．北京：人民教育出版社，1997:21.

[2] 毛泽东．体育之研究[M]．北京：人民体育出版社，1979:8.

[3] 瓦诺耶克．奥林匹克运动会的起源及古希腊罗马的体育运动[M]．徐家顺，译．天津：百花文艺出版社，2006:24.

[4] 吴文忠．中国体育发展史[M]．台北：三民书局，1981:17.

[5] 国际皮埃尔·德·顾拜旦委员会．奥林匹克主义——顾拜旦文选[M]．北京：人民体育出版社，2008:13.

体保障。

（三）构建促进体育精神发展的教育评价体系

人在社会生活实践过程之中构建了一个纵横交织、普遍存在的价值关系网络，身处于庞大关系网络之中的人们常通过“评价”来认知与评判世界，它是人类生活实践活动中普遍的、无处不有、无时不在的一种精神活动。人类通过在“相互作用过程中进行评价标准和行为的交换”[1]来确定自身或他人在关系网络中所处之位置。在教育中，这种以价值方向为前提的评价体系尤为普遍。教育评价作为“按照一定的评价标准，在对教育活动及其相关因素进行系统分析的基础上，就教育活动满足社会和个体需要的程度做出判断的特殊认识活动”[2]，既是教育的重要环节，对教育活动的开展和受教育者精神成长、人格形成等起着重要作用，也是改进、发展教育的重要途径与手段，对转变教育观念、调整教育内容、改进教育方法等有深远影响。将体育精神发展纳入教育评价，构建科学合理的体育教育评价体系对促进体育精神教育顺利开展、探索精神教育有效途径以及提升教育主客体的体育精神修养、促进身心全面发展具有定标导航的作用。构建促进体育精神发展的教育评价体系，需要从以下几个方面着手。

首先，要将体育精神纳入体育教师专业素质评价。教师素质是教师必须具备的稳固职业品质，不仅囊括知识、文化、智能等职业能力，更包括思想、态度、价值观等精神修养。教师从事的是一项精神事业，他的精神修养具有强大的教育力量，它决定着教师教育成效，影响着学生未来发展。教师素质评价是根据一定的价值评判标准，对教师素质及其影响因素进行系统分析，做出价值判断的过程，它对于提高教师素质、促进学生成长具有强大影响力量。作为体育教师，既需要有卓越的体育专业知识能力，还需要有专业精神——体育精神，教师要将体育精神作为自己重要的专业素养，并在日常教学中不断发展、提高自身体育精神，又要在教育过程中展现、贯彻体育精

[1]　梶田睿一．教育评价 [M]．李守福，译．长春：吉林教育出版社，1988:1.

[2]　肖远军．教育评价原理及应用 [M]．杭州：浙江大学出版社，2004:5.

神，为学生塑造良好榜样，用体育精神感染、涵养学生，激发学生对体育活动内在精神营养和审美体验的渴望与追求。

其次，要将体育精神发展纳入学生发展评价体系。在布卢姆看来“评价乃是系统收集证据用以确定学习者实际上是否发生了某些变化，确定学生个体变化的数量和程度”[1]。建立全面发展性学生评价体系，将体育精神纳入学生评价体系，可以引导学生关注、发现、发展体育精神，改变偏重学生技能掌握的情况，转变将体质强弱单纯等同于测试能否达标的观念，有助于学生在体育运动中认识自我，提高身体素质与精神品质，促进学生身体能力与精神灵性的发展。体育精神是体育教育的基础，是其终极价值理想与教育目标之旨归，在学生评价中不仅要关注认知性智能与操作性技术能力的提高，还要关注学生精神性发展，以学生身心协调发展为旨归；要注重学生评价内容的多元化，认识到学生的发展是多元的、多维度的、多向度的，体育教育评价内容应该包括认知、动作、情感与精神等多方面领域内容；要注重个体差异性，不能“一刀切”，使学生评价根据标准化向弹性化转变，要从每个学生不同的发展向度与程度来评价，不能简单以统一数据等级化简单评价学生，注重让学生在参与中培养、提高体育锻炼的意识，在运动中培养精神品质。

三、社会宣传

人本质上既是精神性的存在，又是社会性的存在，人无时无刻不处在社会历史发展进程中的各种关系网络之中，人的成长、发展绝不可能脱离社会。在交流、互动中人类不断接受社会信仰、价值观念等，不断完成社会化的塑形。体育精神与人类社会生活密切联系，以社会生产和交换方式为基础，是社会性的存在；它通过体育实践活动，反映从物质世界到精神世界、从体育活动到思想观念的各种社会关系，满足了人身体及精神上的需要。体育精神的社会性决定了它不可能脱离社会而独存，一方面社会环境资源与力量能够为培育体育精神提供强大的支持与力量；另一方面社会环境又是一种

[1] B.S. 布卢姆 . 教育评价 [M]. 邱渊，王刚，等，译 . 上海：华东师范大学出版社，1987:6.

“无声命令”，通过“约定俗成”的社会舆论来约束、调节个体行为方式、陶冶性灵，潜移默化地影响其在体育活动中的精神状态与精神境界。

（一）凝聚共识是塑造传承体育精神的思想资源

在全社会形成对体育的正确认识，是塑造传承体育精神的思想资源与保障。这种共识即社会成员对体育运动及其在体育活动中行为准则、规范的主观认可，引发与此种意识相符合之观念、行为、态度等，并表现于外，从而影响大众，蔚为风尚，流行于众人之间。然而，直到如今对体育的误读、误解仍较为普遍。往昔体育的实施与发展，由于环境的限制，往往被赋予时代的工具性的角色与任务，被当作富国强兵、强国保种、外交纵横、宣扬国威以及夺取锦标奖牌等的方式与手段。这些民族主义、保种主义、锦标主义的体育思潮在中华存亡危机之际，确有其独特价值作用；金牌至上的政绩观，在中华图强崛起之时对体育发展也有促进作用。而今，随着社会环境与生活方式的变迁，对体育回归教育本质的呼唤、对体育构建民众自发性及主体性活动的欲求，促使个体身心的协调统一成为时代性的社会需求。因此，要树立“全民体育”思潮并使之形成社会风气，正确认识体育的本质与体育精神，凝聚培养身心健全国民的共识，在积极参与中培养体育运动的追求与崇高理想，自觉地弘扬贯彻体育精神。

（二）端正舆论导向是塑造传承体育精神的重要环节

媒体自参与社会舆论伊始，便处于社会舆论的中心，马克思非常重视报刊等媒体，强调“报刊最适当的使命就是向公众介绍当前形势，研究变革的条件，讨论改良的方法，形成舆论，给共同意志指出一个正确的方向”[1]，认为工人接触报刊就说明他们“有了更大的手段来占有像精神力量这样的普遍社会力量”[2]。尤其是当前大众传媒正以摧枯拉朽之势、以一种潜移默化的方式，运用平面组织以平等行动者的社会机构强势参与到社会文化之中。

[1] 马克思，恩格斯．马克思恩格斯全集：第 43 卷 [M]. 中共中央马克思恩格斯列宁斯大林著作编译局，译．北京：人民出版社，1982:489.

[2] 马克思，恩格斯．马克思恩格斯全集：第 44 卷 [M]. 中共中央马克思恩格斯列宁斯大林著作编译局，译．北京：人民出版社，1982:162.

大众传媒不仅是传播、弘扬体育精神的重要媒介，也是其发展的重要动能与力量。然而，正如前文所述当前体育舆论中存在着不少负面的、片面化的导向，片面地强调夺金、争冠军，胜乃理所当然，输则是“丢了囊中之物”，对体育竞赛中出现的“消极比赛”、所谓“合理利用规则”、观众不文明习气等不良风气批判引导不力，诸如“苏神咬人”竞猜等报道博取眼球的行为屡见不鲜，忽略了体育精神、体育道德宣传，忽略了媒体塑造、挖掘体育精神，潜移默化洗涤体育受众心灵的重责。端正舆论风气导向尽管不像政策法规、制度建设那样具有强制性、权威性的规范作用，但是对传播受众的思想观念、道德情感及行为方式都具有不可忽视的调节作用，从而影响其体育精神状态与境界。针对整个社会来说，正确的社会舆论导向一定程度上直接影响社会整体精神面貌。因此，端正舆论导向与塑造体育精神有着不可割裂的联系，它有利于引导受众重视体育精神，有助于对体育精神内涵的传播。加之舆论传播本身也是弘扬体育精神的重要环节，它可以引导受众回归体育本体，通过典型事例、榜样示范的力量以崇高的体育精神与道德品质来影响大众，营造良好社会氛围，调动、启发大众对体育精神、对体育力与美的追求，为弘扬体育精神创造有利条件。

第六章 结 语

人自从诞生之日起，便与体育活动结下了不解之缘。体育以其独特的魅力和无可比拟的生命力，迅速发展延伸至人类社会生活的各个领域，成为人类重要的社会活动与生活方式，也成为教育关注的重要焦点。体育作为普遍存在的、具有悠久历史底蕴的社会文化现象及其观念表达，不仅囊括所有具体的体育活动形式，更蕴含着内隐的、抽象的体育精神，只有将精神的发展与身体的活力合为一体才能构成完整意义上的体育。体育活动是体育精神的载体，体育精神是体育的灵魂和内核，没有精神活动参与的、纯粹的身体活动，就不可能是真正完整的体育。然而，在体育不断发展的过程中，由于极端功利主义和物欲主义的态度影响，错误社会氛围的误导，体育的完整形象一定程度上被破坏了，体育被塑造为一种与精神相隔离的训练，体育教学更侧重对体育技能与技术的关注与训练，与这种技艺化系统的身体训练比肩的精神成长及其价值被忽略了，体育精神被遗忘在角落。不可否认，体育离不开技能的掌握与知识的学习，然而将其囿于单纯的系统训练与技术规定性活动，体育的生命活力与内在根基便会被遮蔽，体育的真正内涵及价值便会被曲解、被轻视。

面临当前体育精神异化及体育精神教育缺失的问题，本书以体育精神为主题，通过对体育精神理论研究与思想资源的梳理与分析，界定了体育精神的概念，考察了体育精神萌生发展的历史进程，剖析了体育精神的特征、内核及价值，分析了体育精神的现实境遇，并在此基础上对体育精神教育及实践提出了自己的思路与看法。全书以马克思主义哲学为基础，以哲学视野对体育精神及其实践路径做了尽可能全面的梳理与考查，基本上完成了研究任务。在本书的结语部分，有必要梳理总结本研究取得的成果、拟创新之处及研究走向。

一、主要结论

（一）界定了体育精神的概念与内涵

本研究通过系统分析与历史考察，深刻剖析了体育精神这一核心概念：体育精神是体育活动中体现的人的行为价值观、态度、意志品质以及思想意识的总和，是体育活动的最高产物，是体育活动的灵魂，它是体育发展过程中的精微的内在动力。体育精神体现了体育的本质，是体育整体的精神，支撑着体育活动的开展，影响着体育领域的健康发展，没有精神活动参与的、纯粹的身体活动不是真正意义上的体育。

（二）体育精神是社会性、历史性的存在，是一个动态发展的历史过程

经过系统考察与梳理，通过对体育精神的历史溯源，可以归纳出体育精神社会性、历史性、民族性和世界性的特点。作为人类精神的一个方面，体育精神与人类社会密切相关，它以社会发展为基础，伴随着社会生产与生活的需要而产生，受社会生产方式与交换方式的制约。体育精神不是自然存在的、凭空而生的，它是人类体育活动的产物，具有社会性。体育精神随着人类的发展不断扬弃、丰富，它是一个动态发展的历史过程，它以体育运动的出现为前提，伴随着人类体育活动的扩展和认识的加深而不断深化，具有历史性。体育精神具有特殊性和普遍性，一方面不同的地域环境、生活方式导致不同民族对体育精神的理解有所不同，体育精神具有民族性；另一方面伴随着人类交往的日益频繁与不断扩大，体育精神在不断破除地域环境限制与文化壁垒的体育全球化进程中，不断融合、凝练与丰富，发展成为人类共同的、共识性的内容，因而具有世界性。

（三）体育精神具有丰富的文化内核及深刻的价值内涵

通过历史考察和系统梳理，本研究认为以人为本的人本精神、强身健体的乐生精神、积极主动的参与精神、公平正义的竞争精神、集体主义的团队精神、遵纪守规的道德精神和更快更高更强的超越精神共同构成了体育精

神的内核。这是经过历史积淀而不断丰富、凝练和升华的体育精神共识性的“普世”内容。作为一种巨大精神力量的体育精神始终贯彻在体育教育之中，对整个社会培养积极向上、健康的社会文化与社会精神具有促进作用，影响着整个社会的精神面貌，因而体育精神具有深刻的道德价值、审美价值、发展价值及社会价值。

（四）在处理矛盾中走向单一与片面是导致体育精神异化的根源

受极端功利主义和物欲主义的影响，加之错误社会氛围的误导使得人们在处理体育中的各种矛盾中走向单一化、片面化，这成为体育精神异化的根源。当前人们过分强调功利性的、实用的体育，更看中的是实际结果，片面追求体育的经济功能和外在利益，忽视了对体育精神的崇尚与追求。

（五）体育精神是进行体育教育的基础

体育精神是体育的灵魂与内核，是体育发展过程中的精微的内在动力，是对人们进行体育教育的基础。首先，体育精神体现着体育的本质，贯穿于体育活动当中，是教育的重要内容；其次，教育是教育主体与客体间“灵肉交流的活动”，是灵魂的教育，其最终目的是培养身心全面发展的人，缺乏精神的教育是不完整的教育，体育精神应该渗透到体育教育的方方面面，关注和追求体育精神应该是进行体育教育的重要目的；最后，体育精神是体育活动的最高产物，是人在体育运动中精神的升华，作为一种教育因素，它沟通了人身心两层，促进了人的全面发展。

二、拟创新之处

其一，研究视角和切入点的创新。尽管随着研究的发展，体育精神的研究视角已经逐步拓宽到教育学、社会学、哲学等领域，也开始出现了跨学科的研究，然而研究还不系统，缺少更深层次的哲学思辨。本研究以马克思主义哲学及历史观为基础系统论述了体育精神的本质内涵，并在哲学审视基础上从现实问题入手观照实践，对深化体育精神理论研究以及深入剖析体育精神现实状况等方面有所裨益。

其二，研究内容的创新。目前相关研究对体育精神内涵的理解有待深入，对体育精神内容缺乏深层概括，更多的是流于具体表象的直接呈现。本研究在系统梳理考察“精神”意蕴的基础上，明晰了体育精神的外延与内涵，对体育精神的社会性、历史性、普遍性及特殊性进行了深刻分析，对体育精神研究的深入有一定的作用。同时，现有研究大多将体育精神作为固定的概念加以描述，而本研究认识到体育精神的历史性特征，对探寻体育精神的历史溯源具有探索性的价值。

其三，研究方法的创新。本研究对“体育精神”在不同时期、不同维度的探讨，中外“体育精神教育”的比较分析以及从语言学角度对“精神”的词源学考察等研究方法的运用，都有助于对体育精神进行系统深入的分析。

三、研究展望

对体育精神的研究和构建是体育研究中不可或缺的永恒主题，尽管对这个主题一直有所关注和思考，然而真正着手研究、开始动笔时也体会到了体育精神之“不能承受之重”，在研究过程中确实倍感不易。本研究主要以哲学审视观照实践，虽然努力将文中涉及的理论概念诠释明了，试图为体育精神研究的扩展和纵深尽绵薄之力，然而囿于材料占有、研究条件以及个人学术修养等方面的限制，在体育精神的理论研究上不免有所疏漏和偏颇。具体主要体现在以下两点。第一，认识论上，本书研究的体育精神主要是具有共识性的一般意义上的体育精神，虽然认识到了体育精神的社会性、历史性，并致力于从历史溯源上阐明体育精神“因何而生”“因何而变”，但是论述深度还不够；在民族性和世界性的探讨中，本研究更加侧重的是体育精神普遍性的凝练，对体育精神的民族性，特别是中华民族体育精神渊源及传承方面的研究还不足。第二，实践论上，纵然着力于实践观照，但对现实状况的认识和概括还不够全面深入，面向实践的直接研究还不足，仅停留在问题“腠理”，没有深入“骨髓”。本研究仅是体育精神研究上迈开的一小步，至于体育精神的应用研究、计量与评估，体育精神教育在不同学段的特点及实践研究，不同民族体育精神的冲突及民族体育精神的传承等问题，给后续研究的开展和深入留下了空间。

致 谢

终于要完成学业了，回想这些年的求学之路，要感谢的人很多，如果没有他们的帮助与支持，我想我无法完成学业。

首先，我要感谢我的导师王健教授。非常幸运能在求学的过程中，遇到王健老师。在王健老师的引领下，我发现了体育的生命力，认识到体育的精神。无论王健老师的工作多忙，他都会带领我们积极地参与到体育运动中，他用他的行动诠释了体育的本质，正是王健老师这种对生命的热爱指引着我前进的方向。在论文写作的过程中，王健老师给予我充分的空间，鼓励我寻找、发现感兴趣的主题，并且耐心地反复阅读、逐字修改论文内容，没有王健老师就没有我论文的诞生。另外，还要感谢华中师范大学体育学院、教育学院及马克思主义学院的各位老师，感谢各位老师这些年来对我的照顾以及对我论文的关心与指导，老师们提出的宝贵意见，使我在论文的后续修改中更有方向，提升了研究的清晰度。

其次，我要感谢我身旁所有的朋友。谢谢董国永、郭敏刚、张波、王涛、倪钊，正因为有你们的陪伴，我在写论文的这些苦闷无聊的日子里，还能开心地生活，也因为你们的存在，我的人生有了寄托，我的压力有了疏解的渠道；谢谢张文鹏、廖萍、曾玉山、雷敏、刘璐，与你们的相处开拓了我的视野，让我在求学大道上不再孤单，因为你们，所有的日子都是快乐的。

最后，感谢我的家人，我亲爱的另一半赵晓，你的支持是我最大的动力，三年的时间，亏欠你的太多，我相信今后我们的生活一定会幸福、美满。

本论文，有着师长的教诲、同学的鼓励、家人的祝福以及好友的支持，在此，愿将这份荣誉和喜悦与大家共同分享。

翟寅飞

2015年4月于华师桂子山